优秀孩子掌控人生的杰出品质

YOUXIUHAIZIZHANGKONGRENSHENG DEJIECHUPINZHI

王楠 编著

优秀品质是一个人的底色。在人际交往的过程中，没有人愿意和一个品质败坏的人交朋友。在成长的道路上，我们需要用优秀品质来激发自己的力量，从而提高做人的境界，创造出精彩的人生，赢得他人的认同。

CFP 中国电影出版社

图书在版编目（CIP）数据

优秀孩子掌控人生的杰出品质 / 王楠编著. —北京：中国电影出版社，2013.9
ISBN 978-7-106-03746-8
Ⅰ. ①优… Ⅱ. ①王… Ⅲ. ①青少年—能力培养 Ⅳ. ①G421

中国版本图书馆 CIP 数据核字（2013）第 225358 号

责任编辑：刘爱国　蔡宝瑛
封面设计：刘爱国
责任印制：庞敬峰

优秀孩子掌控人生的杰出品质
王楠　编著

出版发行	中国电影出版社（北京北三环东路 22 号）邮编100013 电话：64296664（总编室）　64216278（发行部） 64296742（读者服务部）　Email：cfpygb@126.com
经　　销	新华书店
印　　刷	三河市兴国印务有限公司
经　　销	2013 年 11 月第 1 版　2013 年 11 月北京第 1 次印刷
规　　格	开本 / 720 × 1010 毫米　1 / 16 印张 / 12　字数 / 160 千字
印　　数	1–5000 册
书　　号	ISBN 978-7-106-03746-8/G・0739
定　　价	20.00 元

前　言

优秀品质是一个人的底色。在人际交往的过程中，没有人愿意和一个品质败坏的人交朋友。在成长的道路上，我们需要用优秀品质来激发自己的力量，从而提高做人的境界，创造出精彩的人生，赢得他人的认同。

孔子年轻的时候，很喜欢到他隔壁的邻居家去。他的邻居是一位技艺精湛的老石匠，一块块岩石经过他的刻凿，便成了千姿百态、栩栩如生的花鸟石刻。一天，孔子又踱至邻家，那个老石匠正叮叮当当为鲁国一位已故大夫刻石铭碑。

孔子叹息道："有人淡如云影来去无痕，有人却把自己活进了碑石，活进了史册里，这样的人真是不虚此生啊！"

老石匠停下锤，问孔子说："你是想一生虚如云影，还是想把自己的名字铭进碑石，流芳千古？"

孔子长叹一声说："一介草木之人，想把自己刻在一代一代人的心里，那不是比登天还难吗？"

老石匠听了，摇摇头说："其实并不难啊。"

他指着一块坚硬又平滑的石块说："要把这块石坯刻成碑铭，就要雕琢它。"

老石匠说完，就一手握凿一手挥锤叮叮当当地凿起来，一块块石屑很快在锤子清脆的敲击声中飞起来。不一会儿，岩石上便现出了一朵栩栩如生的莲花图案。

老石匠说，如果想使这个图案不容易被风雨抹平，那就要凿得更深些，要剔掉更多的石屑。只有剔凿掉许多不必要的石屑，才能成为浮碑铭。人生也是这样，剔除不良恶习，保持良好的品质，才能决定人生的高度。

青少年是祖国的花朵，在这斑斓多彩日新月异的时代，如何培养优秀品质？

给自己一个准确的定位，驾驭自己，做自己的主宰。

面对打击时，保持敏锐的头脑，不让困难打倒你。

学会与人合作，在合作中发展自己。

坚持不懈地奋斗，咬定青山不放松，能成就大事。

敢于冒险，成为真正的勇者，拥有多姿多彩的人生。

成为一个有责任感的人，伴你走向成熟，肩负起你身上该负起的责任和使命……

随着社会的进步，一个人的品质已经与成功挂上了钩，你的品质越好，那你成功就有了更多的保障。

本书根据青少年成长的需要，精选小故事向青少年朋友讲述应该所具备的杰出品质，每个小故事的背后都蕴藏着深刻的道理，通过解读名人所具备的优秀品质，将做人做事的道理融入其中，为我们开启一扇成功做人做事的智慧之门，使我们从中有所启迪、感悟和收获。同时本书还介绍了杰出品质的培养方法，帮助青少年强大自己，为将来进入社会，获取成功，作好充分准备。

目 录

第四章　每天学习一点点

第五章　引导你的思考能力

第六章　勤于实践，敢于行动

第七章　敢于挑战未知事物

第八章　让自己成为受欢迎的人

第九章　责任感会使一个人变得强大

第十章　永远和团队拧成一股绳

第一章

给自己一个准确的定位

只有自己的力量才是最可靠的

每一个成功的人都知道，他们所依据的成功法则并非是命运决定一切。他们知道，任何事物都不是偶然的，只有那些浅薄的人才会相信命运，而睿智的人相信自己，相信自己无坚不摧的信念，相信自己永恒的决心与毅力，相信自己全力以赴的拼搏精神。

那些依赖运气的人总是满腹牢骚，只是一味地期待着机遇的来临，而机遇真正来临的时刻，他们却无法把握机遇。至于那些获得成功的人，他们的命运总是掌握在他们自己的手中，他们有着无比坚定的信念，他们知道只有自己的力量才是最可靠的！

真正的自信不是孤芳自赏，也不是夜郎自大，更不是得意忘形、自以为是和盲目乐观；真正的自信是看到自己的强项或者说好的一面来加以肯定、展示或表达。它是内在实力和实际能力的一种体现，能够清楚地预见并把握事情的正确性和发展趋势，引导自己做得最好或更好。

自信可以让我们成为自己所希望的那样，自信可以让我们心想事成。

只有先相信自己，别人才会相信你，多诺阿索说："你需要推销的首先就是你的自信，你越是自信，就越能表现出自信的品质。"一个人一旦在心中把自己的形象提升之后，其走路的姿势、言谈、举止，无不显示出自信、轻松和愉快，从气势上表现出可以自己做主并且冲劲十足、热情高涨、热心助人。

一个冲劲十足、热情高涨、热心助人的人绝对拥有成功的资本。

"信者"为"储"，不信者即无储，不自信就自卑，自卑就会恐惧……所以缺乏自信带来的后果是非常可怕的。

如果你不相信自己，那么你还存在吗？

一群学者向苏格拉底请教“怎样才能坚持真理”。苏格拉底用手指捏着一个苹果，慢慢地从每个学者的座位旁边走过，一边走一边说：“请集中精力，注意嗅空气中的气味。”

然后，他回到讲台上，把苹果举起来左右晃了晃，问：“哪位闻到了苹果的味儿？”

有一位学者举手回答说：“我闻到了，是香味儿。”

苏格拉底再次走下讲台，举着苹果，慢慢地从每一个学者的座位旁边走过，边走边叮嘱：“请大家务必集中精力，仔细嗅一嗅空气中的气味。”

稍停，苏格拉底第三次走到学者中，让每位学者都嗅一嗅苹果。这一次，除一位学者外，其他学者都举起了手。

那位没举手的学者左右看了看，也慌忙举起了手。

苏格拉底脸上的笑容不见了，他举起苹果缓缓地说：“非常遗憾，这是一个假苹果，什么味儿也没有。”

当你放弃自己的坚持而去选择与他人相同时，你的自信便已离你远去。缺乏自信常常是自身软弱的表现。

下面看看“半只左脚的奇迹”：

汤姆·邓普西生下来的时候只有半只左脚和一只畸形的右手，父母从不让他因为自己的残疾而感到不妥。结果，他能做到任何健全男孩所能做的事：如果童子军团行军 10 公里，汤姆也同样可以走完 10 公里。

后来他学踢橄榄球，他发现，自己能把球踢得比在一起玩的男孩子都远。他请人为他专门设计了一只鞋子，参加了踢球测验，并且得到了冲锋队的一份合约。

但是教练却尽量婉转地告诉他，说他“不具备做职业橄榄球员的条件”，劝他去试试其他的事业。最后他申请加入新奥尔良圣徒球队，并且请求教练给他一次机会。教练虽然心存怀疑，但是看到这个男子这么自信，对他有了好感，因此就留下了他。

两个星期之后，教练对他的好感加深了，因为他在一次友谊赛中踢出了55码并且为本队得了分。这使他获得了专为圣徒队踢球的工作，而且在那一季中为他的球队得了99分。

他一生中最伟大的时刻到来了。那天，球场上坐了6万多名球迷。球是在28码线上，比赛只剩下几秒钟。这时球队把球推进到54码线上。“邓普西，进场踢球！”教练大声说。

当汤姆进场时，他知道他的队距离得分线有54码远。球传接得很好，邓普西一脚全力踢在球身上，球笔直地向前飞去。但是踢得够远吗？球迷屏住气观看，球在球门横杆之上几英寸的地方越过，接着终端得分线上的裁判举起了双手，表示得了3分，汤姆的球队以19比17获胜。球迷狂呼高叫，为踢得最远的一球而兴奋，因为这是只有半只左脚和一只畸形的手的球员踢出来的！

“真令人难以相信！”有人感叹道，但是邓普西只是微笑。他想起他的父母，他们一直告诉他的是他能做什么，而不是他不能做什么。他之所以创造这么了不起的纪录，正如他自己说的：“他们从来没有告诉我，我有什么不能做的。”

自信无形之中给了邓普西巨大的能量。

自信，对于青少年来说更重要，无论在学习上，还是生活中，自信都是支持青少年走向优秀的“营养剂”。所以，在平时的教育中，家长和老师一定要注意培养他们的自信心。许多人以为，信心的有无是天生的，不变的。其实并非如此。童年时代受人喜爱的孩子，从小就感觉到自己是善良、聪明的，因此才获得别人的喜爱，于是他就尽力使自己的行为名副其实，造就自己成为自信的人。而那些不得宠的孩子呢？人们总是训斥他们：“你是笨蛋、窝囊废、懒鬼，是个游手好闲的东西！”于是他们就真的养成了这些恶劣的品质。因为人的品行基本上是取决于自信的。所以，家长和老师对青少年的后天帮助也是相当重要的。

“师父领进门，修行在个人”。青少年不能仅凭单薄的外界力量树立自信，最根本的还是从自我做起：

1. 常念“我行”，“我最棒”

默念时要果断，要反复念，特别是在遇到困难时更要默念。只要你坚持默念，特别是在早晨起床后反复默念 10 次。在晚上临睡前默念 10 次，就会通过自我的积极暗示心理，使你逐渐树立信心，逐渐有了心理力量。

2. 多想开心的事

每个人都有自己开心的事，开心的事就是你做得成功的事，那是你信心的源泉、力量的产物。每个人多回忆自己开心的事，将使你正确估价自己的力量。

3. 面带微笑

笑能使人产生信心和力量；笑能使人心情舒畅，振奋精神；笑能使人忘记忧愁，摆脱烦恼。没有信心的人，经常是愁眉苦脸，无精打采，眼神呆板。雄心勃勃的人，眼睛闪闪发亮，满面春风。

4. 挺胸抬头

人的姿势与人的内心体验是相适应的，姿势的表现可以与内心的体验相互促进。一个人越有信心、越有力量，便越昂首挺胸。

5. 主动与人交往

在与人的微笑问候中，双方都会感到人间的温暖，人间的真情，这种温暖与真情就会使人充满力量，就会使人增添信心。

做情绪的主人

情绪是人对事物的一种最浮浅、最直观、最不用脑筋的情感反应。它往往只从维护情感主体的自尊和利益出发，不对事物做复杂、深远和智谋的考虑，这样的结果，常使自己处在很不利的位置上或为他人所利用。本来，情感离智谋就已距离很远了（人常常以情害事，为情役使，情令智昏），情绪更是情感的最表面、最浮躁的部分，凭情绪做事，焉有理智？不理智，能有胜算吗？

“东边日出西边雨”不仅是对一种自然现象的客观描述，而且也是青少年情绪特点的形象比喻：一边是情绪逐渐地趋向成熟、愉悦、平静、稳定，积极的情绪因素不断增加；一边是情绪问题陆续地出现，厌学、抑郁、焦虑、冷漠，诸如此类的情绪给我们的成长与发展罩上了阴影。有的阴影随着时间的推移而自然消逝，可有的阴影却需要施加人为的驱散力量，促使各类情绪问题的顺利解决。

青少年正处于身体发育或社会经验形成的增长时期，情绪波动比较大，容易发怒。

青少年朋友像一部正在磨合的汽车，对情绪的控制远远没有到达得心应手的境界，经常会因为一点小事耿耿于怀，也经常由于“不顺心”“不如意”而怨天尤人、意志消沉。

这些都是正常的现象，因为我们正处在思维以及人生观的“大碰撞”时期；另外，这些也是不正常的现象，因为人若是不能有效地控制自己的情绪，就变得和动物没有什么分别了。

其实，我们情绪的“开关”就掌握在自己手上，是我们自己而不是别人在控制我们的情绪。在同样的负担下，谁的情绪更好、身体更健康，取决于谁更善于控制这些“开关”，从而保持一种积极健康的情绪。

韩信在青年时期穷困潦倒，被人瞧不起。一天，一个屠夫指着韩信的鼻子说：“你敢在我身上扎两刀吗？如果不敢，那么请从我的胯下爬过去。”真是欺人太甚！韩信听罢，不禁怒从心头起，想狠狠地教训教训他。但转念一想，我韩信为何要跟一个屠夫一般见识，来日方长，于是一咬牙，一狠心，便从屠夫的胯下钻了过去。后来，韩信被刘邦拜为大将军，他不但没有杀掉这个屠夫，反而赏之以金，委之以官，使其深受感动，不仅消除了私怨，最后还成了舍命保韩信的勇士。

韩信的度量可谓大矣，忍耐之心可谓强矣！“士可杀而不可辱”是世人皆知的至理名言，但韩信还是忍受着奇耻大辱，心一横从屠夫胯下钻过去；飞黄腾达后，不但不杀这个侮辱自己的人，反而委之以官，这是令常人难以想象的。正是他的克己忍让，感化了屠夫，赢得了敌对者，屠夫才成了韩信的忠诚部下。

忍让、控制情绪并不是软弱可欺，而是一种大气与远见。

控制情绪不是一件非常容易的事情，因为我们每个人心中永远存在着理智与感情的斗争。自我控制、自我约束也就是要求我们按理智判断行事，克服追求一时情绪满足的本能愿望。一个真正具有自我约束的人，即使在情绪非常激动时，也能够做到这一点。

我们每个人都在努力做使自己生活更有意义的事，并且在向着未来的目标奋进。但是，生活在现实的世界中，我们绝不应该采取仅使今天感到愉快而丝毫不顾及明天可能发生的后果的态度。我们的情绪大都容易倾向于获得暂时的满足，所以我们要善于做好自我约束。因此，在追求一种有意义的生活时，我们应当努力控制自己的情绪，使自己向好的一面发展。

青少年，问一问自己，你常常头脑发热吗？你曾经因冲动犯傻吗？你试过控制自己的情绪吗？这里我们介绍几种控制自己情绪的方法：

1. 正确评价自己

任何情绪和情感的产生都有其根源，有时它隐藏得很深，我们很难觉察，但是它却似一只无形的手，牢牢地把握着情绪的方向和发展，我们只有紧紧抓住这只无形的手，才能从被动转为主动，才能使情绪控制在自己理智所及的范围之内。有时候，情绪和情感发生的原因十分简单和明显，但我们却可能故意避开这种伸手可及的原因，找出许多次要的无关宗旨的理由，因为要正确地找出某些情绪的原因常常是使人痛苦的。例如，当我们内心受到严重的伤害时，我们不敢也不愿承认自己之所以受到伤害是由于自己本身的脆弱和无能，我们可能曲折而迂回地从外界去找原因，或把自己完全置于无辜的位置，以求得内心的平衡。不敢正视自己，不敢正确评价自己，阻碍着我们对自己进行理智的认识和评价。青少年一定要克服这种毛病。

2. 转移，换个环境

当我们受到无法避免的痛苦打击时，长期沉浸在痛苦之中，既于事无补，不能解决任何问题，又影响自己的学习和工作、损害健康，所以我们应该尽快地把自己的注意力转移到那些有意义的事情上去，转移到最能使你感到自信、愉快和充实的活动上去。

这一方法的关键是尽量减少外界刺激，尽量减少它的影响和作用。

3. 品尝各种愉快的生活体验

每一个人的生活中都包含各种体验，青少年朋友可以多回忆积极向上、愉快的生活体验，这有助于克服不良情绪，保持乐观的心理状态。

比如说一次考试失利，不要总是沉浸在懊丧里自怨自艾。也许有些题目你的答案正确，可是分数高的同学却没有做出来，这说明你还是有能力的，成绩不好不过是暂时的。在这种情况下，振作精神，客观冷静地找出原因要比灰心丧气好得多。

同样，我们要有意识地搜集能让我们快乐的生活片断，将它们剪辑到我们的记忆中，并时时在脑海的荧幕里播放。

4. 学会换位思考

有一句话说得好，保持情绪的最好方法就是多看看比我们还不幸的人。悲观的失败者视困难为陷阱，乐观的成功者视困难为机遇，结果就有两种截然相反的生存轨迹。

凡事从好处想，就会看到希望，有了希望才能增添我们生存的勇气和力量。面对不良情绪困扰的时候，我们不妨换个角度想想，别人能做到的，我们为什么做不到呢？

战胜自卑感

有一个孤儿，生活无依无靠，既没有田地可以种，也没有钱可用来经商，他十分迷惘和彷徨，只好四处流浪。

有一天，他去求见一位高僧："我既无一技之长，又身无分文，我该如何生存呢？"

高僧把他带到一处杂草丛生的乱石旁，指着一块木樽说："明天早晨，你把它拿到集市中去卖。但要记住，无论有人出多少钱要买这块木樽，你都不要卖。"

孤儿满腹狐疑，心想这块木樽虽然不错，但怎么会有人肯花钱买呢？但是，他还是抱着木樽来到集市内，在一个不起眼的地方蹲下来叫卖木樽。可是，那毕竟只是一块木樽啊，根本没有人把它放在眼里。第一天过去了，第二天过去了，一直无人问津；直到第三天，才有人来询问；第四天，真的有人要买这块木樽了；第五天，那块木樽已经能卖到一个很好的价钱了。

孤儿兴奋地向高僧禀报："想不到一块木樽值那么多钱！"

高僧笑笑说："明天你再把木樽拿到黄金市场去，记住，不论别人出多少钱都不能卖！"

孤儿把木樽拿到黄金市场去，一天、两天过去了，第三天，又有人围过来询问；几天以后，问价的人越来越多，价格也已被抬得高出了黄金的价格，而孤儿依然不卖这块木樽。但越是这样，人们的好奇心就越强，木樽的价格被抬得越来越高。

孤儿又去找高僧，高僧对他说："你再把木樽拿到珠宝市场去卖……"

又出现了同样的情况，到最后，木樽的价格已被炒得比珠宝的价格还要高了。由于孤儿无论如何都不卖，那块木樽更是被传扬为“稀世珍宝”。

对此，孤儿大惑不解。

高僧说：“世上人与物皆如此，如果你认定自己是块陋石；那么你可能永远只是一块陋石，如果你坚信自己是一个无价的宝石，那么你就是无价的宝石。”

所以，做人一定要自信，甩掉自卑，是青少年成才的良方。

自卑感是无形的敌人，你必须设法战胜它，否则它所造成的危害及丧失信心、自我意识过强、不安、恐惧等种种并发症，都会为你带来不必要的麻烦。

自卑的人总是无心无力做一件有挑战性的事情，他们常用的借口是：“唉，我能力太差！”这种人始终无法摆脱自卑的“纠缠”，也根本无法实现自己的目标。而欲成就一番事业，首先要做的一项工作就是拒绝与自卑打交道。

然而，天下无人不自卑。无论圣人贤人、富豪王者，抑或贫农寒士、贩夫走卒，在孩提时代的潜意识里，都是充满自卑感的。青少年若想成功，就必须战胜自卑感。

自卑感来源于心理学上的一种消极自我暗示。日本有位大公司的经理，从小在农村上学，常认为“没有前途”，放学回家从不用功读书，成绩很差。因此产生了一种消极暗示：自己脑子笨，再用功也白搭！后来，当他要参加升学考试时，迫不得已努了把力，竟考上了中学。这一来，他开始用功读书了，中学的成绩居然名列前茅！显然，这位经理在小学时成绩不好的原因并非是素质差，而在于自卑感妨碍了智力的发展。有自卑感的青年如能努力引出积极的自我暗示，那么你的才智和能力就会与日俱增，甚至在紧要关头产生惊人的力量。

有一次，一名士兵奉命将一封信送往自己景仰的统帅——拿破仑的手中，由于过于兴奋，拼命地策马前行，胯下的坐骑一到目的地就累死了。拿破仑读了信后，立即复信，命人牵过自己的战马，吩咐那名士兵骑马回营。

“不，尊敬的将军，”那名士兵看到统帅那匹心爱的骏马，恳切地说，“我只是一个普通的士兵，没有资格骑这匹高贵的马。”

“服从命令！”拿破仑不假思索地答道，“世上没有一样东西是法兰西战士不配享有的！”

士兵一下子想明白了，立即上马，绝尘而去。

这个故事告诉我们：很多人都把自己想得很卑微，心里的自卑感驱使自己不能变得高贵，认为成功不属于自己。这种现象在青少年中也是司空见惯，所以青少年一定要克服自卑，树立自信。

世界名著《简·爱》中的男主人公罗彻斯特身为庄园主，财大气粗，对女主人公说过：“我有权蔑视你！”他自以为在地位低下、其貌不扬的简·爱面前，有一种很“自然”的优越感。但有着坚强个性又渴望平等的简·爱坚决地维护了自己的尊严，寸步不让，反唇相讥：“你以为我穷、不好看就没有自尊吗？不！我们在精神上是平等的！正像你和我最终将通过坟墓平等地站在上帝面前。”这番话强烈地震撼了罗彻斯特，并使他对简·爱产生了由衷的敬佩。

自卑感容易导致才能的自我埋没。成功者总是从心里确信自己存在的价值。他们的自我价值感和自我信心不是生下来就有的，而是像别的习惯形成一样，是在生活中学会的。那么，如何消除自卑、树立自尊呢？

1. 勇于追求成功

不管是男人还是女人，只有树立起坚定的信念，不畏艰险，勇往直前，才能在实际生活中塑造自己的形象，战胜自卑。

2. 量力而行

应该在能力、兴趣的目标方面充分了解自己。这样，一开始就是有目的地努力，以使生活向高层次的目标迈进。提高自尊，要更多地注意带有理性的行为、决策和思维，这比仅凭感情重要得多。

3. 善待失败

失败的人总是记着过去的失败，忘掉过去的胜利。而且他们不仅仅是记住了失败，还把这些失败融进了思想感情里，时时谴责自己。这样他们的自尊感就逐渐消失了。

成功的人士懂得，不管自己过去失败了多少次，都没有关系。重要的是记住自己的成功，加深印象，认真研究。

要增强自尊，就必须集中精力于成功。把生活中的失败和不如意看做是奔向目标的一个反馈。

4. 正确看待自己

不仅要看到自己的长处，也要客观地看到自己的短处，既要看到自己的不如人之处，也要看到自己的过人之处。

善于管理自己

青少年一定要打好人生的基础，一定要从人生的开始就管理好自己，先征服了自己才能征服世界。如何管理自己呢？这已是当务之急。

第一，对自己的思想活动、言行表现等进行管理，冷静地分析对错得失，明确努力的方向。很多杰出人士都有这方面成功的经验，如每天下班后、就寝前“过过电影”，坚持写日记、周记等。有一位老教育家说过：“日记虽小事，然作时多在深夜，追省一日所为，有益于防患未然，悬崖勒马皆在此时。若日日无间断，虽无意自省已尽自省之功矣。”

第二，在心中描绘一幅希望自己达到的成功蓝图，然后不断地强化这种印象，使它不致随着岁月流逝而消退模糊。此外，相当重要的一点是，切莫设想失败，亦不可怀疑此蓝图实现的可能性。因为怀疑将会对实现构成危险性的障碍。

当你心中出现怀疑本身力量的消极想法时，要驱逐这种想法，必须设法发掘积极的想法，并将它具体说出。

第三，不要因受他人的威信影响而试图仿效别人，须知唯有自己方能真正拥有自己，任何人都不可能成为另一个自己。正确评估自己的实力，然后给自己订一个目标，以目标为动力前进。

第四，与别人相比较，对照检查自己。孔子所云“见贤思齐焉，见不贤而内自省也”，就是这个意思。人都是在一定的社会关系中生活的，只有把自己与其他的社会成员进行比较，才能确定自己的社会位置以及长处和短处。有比较才有鉴别，没有其他人作为参照，就不能有效地认识自己。管理自己更要自觉地放开眼界，特别注意向历史上和现实中的模范人物学习，因为他们的优点更为突出，学习起来也更明确。

第五，可以和父母通过签订书面协议以外在压力管理自己。

该方法对于青少年来说非常适用。如果遇到难题，不妨考虑签订一个合约来解决它。

合约法实施的步骤如下：

1. 确定问题

合约应强调解决家庭中的某个具体的、明确的问题。例如，我们在家玩电脑。合约中描述的目标不应模棱两可，难以测量。合约可用于激励我们每天放学后按时回家，及时完成家庭作业后，才被允许在闲暇时间玩电脑。

2. 与父母协商问题解决的方案

试着共同达成一项解决方案而不是强迫我们同意该方案。随着我们年龄的增长，我们可以争取更多的权力，让我们参与方案的制订。切忌将合约强加于我们身上，这样我们会设法反抗，进而加剧了家庭冲突。

3. 共同写下协商后达成的协议

合约应使用明确而积极的语言，以便我们能够理解并得到激励。合约中需写明父母同意做什么、我们同意做什么、双方违反协议时的后果等，同时也应包括终止日期。

4. 签名、张贴并遵守合约中规定的职责。

每个人在合约上签名之后，应将合约贴在大家都能看得见的地方。

如果我们不能履行规定的职责，应遵循合约的规定而实施某种惩罚。

制定了策略，就要一步一步地执行，在策略中成长，努力向杰出迈进。

检测你的驾驭能力

请在下面每个句子后面写出下列最能代表你目前水平的数字，然后加上所有的分数得出总分。

10= 一贯　　8= 经常　　6= 有时　　4= 偶尔　　2= 从不

（1）参加任何选举，都不过分在乎自己得到的票数。

（2）遇到难题，从不担心自己做不出来。

（3）危急时刻，自己显得很冷静。

（4）不愿意让别人来安排自己的生活。

（5）对每一次考试都很有把握。

结果分析：

40 ~ 50 分：你对自己充满强烈的信心，能充分驾驭自己。

30 ~ 40 分：你对自己还是比较有信心。

20 ~ 30 分：你的自信心一般，认为自己的能力不太出众。

10 ~ 20 分：你的自信心较弱，认为有好多事情自己做不了，你需要考虑采用策略来增强你的自信。

第二章

面对打击，保持敏锐头脑

换种角度看待不幸

不幸是成功的前奏曲，更是成功的磨刀石。换一种角度去看待不幸，眼前的世界就会焕然一新。

西汉司马迁，少年时就终日沉浸在如山如海的经史子集中，父亲严苛的教育让他苦恼不堪；后来又因为替李陵说了一句公道话而被处以极刑，更让他觉得生活是不幸的；为了完成《史记》，他不得不忍辱负重，天天遭受别人嘲笑的白眼，但是，他依然坚强地顶住了生活的压力，完成了我国著名的一部史书。

王安石在宋神宗时，几上几下，权力时而大到一人之下，万人之上，时而小到州府管辖的县官。但是，无论政治地位怎样变迁，他都能平静地对待生活中的不幸，用博大的胸襟化解各个方面的不幸。

同时代的苏轼，才气、名声都极高，但是却始终没有得到当权者的重用，空有一腔热血、满腹经纶无从施展，只能在日益流放江湖的境况下，以诗、词、书、画、文放纵自己的才华。但是，这些生活中的不如意并没有让他终日牢骚消沉，而是以超常的豁达寻求另外一种生存，并使他的智慧永远存活在中国的史册中。

青少年朋友正处于人生最懵懂的时期，在这段时光里，大多数人还不知道生活中很多不幸，也没有尝到生活的真正滋味。但是，毕竟我们已经走过了人生的初级阶段，一些问题也将接踵而来。

著名心理学家贝弗时奇说得好："人们最出色的工作往往是在逆境中做出的。思想上的压力，甚至肉体上的痛苦都可能成为精神上的兴奋剂。很多杰出的伟人都曾遭受过心理上的打击及形形色色的困难。"他还指出：

“忍受压力而不气馁，是最终成功的要素。”

现实是残酷的、不幸的，青少年一定要认清这个事实，把不幸化为动力，开辟出一条自己的路。

海伦·凯勒的不幸应该是无人能及的，那她又是如何成大事的？

海伦刚出生时，是个正常的婴孩，能看、能听，也会牙牙学语。可是，一场疾病使她变得既盲又聋又哑——那时她才 19 个月大。

生理的剧变，令小海伦性情大变，稍不顺心，她便会乱敲乱打，野蛮地用双手抓食物塞入口里；若被试图纠正，她就会在地上打滚，乱嚷乱叫，简直是个十恶不赦的“小暴君”。父母在绝望之余，只好将她送至波士顿的一所盲人学校，特别聘请一位老师照顾她。

所幸的是，小海伦在不幸的悲剧中遇到了一位伟大的光明天使——安妮·沙莉文女士。

从此，沙莉文女士与这个蒙受三重痛苦的姑娘的斗争就开始了！洗脸、梳头、用刀叉吃饭都必须一边和她格斗一边教她。固执己见的海伦以哭喊、怪叫等方式全力反抗着严格的教育。最终沙莉文女士以博大的爱心和坚定的信心打动了海伦。

关于这件事，在海伦·凯勒所著的《我的一生》一书中，有感人肺腑的深刻描写：一位年轻的复明者，没有多少“教学经验”，将无比的爱心与惊人的信心，灌注到一位全聋全哑的小女孩身上——先通过潜意识的沟通，靠着身体的接触，为她们的心灵搭起一座桥。接着，自信与自爱在小海伦的心里产生，将她从痛苦的孤独地狱中拯救出来，通过自我奋发，将潜意识的无限能量发挥，步向光明。

就是如此，两人手携手，心连心，用爱心和信心作为“药方”，经过一段不为外人所知的挣扎，唤醒了海伦那沉睡的意识力量。一个既聋又哑且盲的少女，初次领悟到语言的喜悦时，那种令人感动的情景实在难以描述。海伦曾写道：“在我初次领悟到语言存在的那天晚上，我躺在床上，兴奋不已，那是我第一次希望天亮——我想再没有其他人可以感觉到我当时的喜悦吧。”

仍然是失明的海伦，凭着触觉——指尖，去代替眼和耳——学会了与外界沟通。她10岁多一点时，名字就已传遍全美，成为残疾人士的模范——一位真正的强者。

1893年5月8日，是海伦最开心的一天，这也是电话发明者贝尔博士值得纪念的一日。贝尔博士在这一日成立了他那著名的国际聋人教育基金会，而为会址奠基的正是13岁的小海伦。

若说小海伦没有自卑感，那是不可能的。幸运的是她自小就在心底里树起了颠扑不灭的信心，完成了对自卑的超越。

小海伦成名后，并未因此而自满，她继续孜孜不倦地接受教育。1990年，这个20岁的残疾女孩学会了指语法、凸字及发声，并通过这些手段获得超过常人的知识，进入了哈佛大学莱德克利芙学院学习。她说出的第一句话是："我已经不是哑巴了！"她发觉自己的努力没有白费，兴奋异常，不断地重复说："我已经不是哑巴了！"4年后，她作为世界上第一个受到大学教育的盲聋哑人，以优异的成绩毕业。海伦不仅学会了说话，还学会了用打字机著书和写稿。她虽然是位盲人，但读过的书却比视力正常的人还多。而且，她著了7本书，比"正常人"更会鉴赏音乐。

海伦·凯勒，身为一个三重残废的人，凭着她那坚强的信念，终于战胜了自己，体现了自身的价值。她虽然没有发大财，也没有成为政界伟人，但是，她所获得的成就比富人、政客还要高。

第二次大战后，她在欧洲、亚洲和非洲各地巡回演讲，唤起了社会大众对身体残疾者的注意，被《大英百科全书》称颂为有史以来残疾人士中最有成就的由弱而强者。美国作家马克·吐温评价说："19世纪中，最值得一提的人物是拿破仑和海伦·凯勒。"

海伦·凯勒就是把不幸转化成自身发展的动力，身残而志不残，为青少年树立了榜样。有时，我们也会遇到挫折，遇到失败，遇到不幸，请你想想海伦·凯勒！父母的离异、家庭的破裂……有什么可怕的，再不幸，也比海伦幸福百倍。不是要求每个青少年做到海伦那样，但是我们必须学会把不幸转化为动力，千万不能在顾影自怜中把自己埋没！

给自己的生命点燃一份执着的信念

无论生命的旅程是一帆风顺，还是充满磨难，都要在内心中永葆一份风雨中的灿烂。当我们的灵魂感受到灿烂传递的信息，便会唤起无限的力量，去创造生命的奇迹！人一旦离开了希望，就无法获得力量，内心就缺乏永久的安宁。具有坚定信念的人，在困难面前绝不会退缩；当麻烦接踵而至时，他不会绝望。无论他前进的道路看似多么坎坷、多么黑暗，他都对自己能够走上更加平坦、更加光明的道路充满希望，他都能看到一个宁静祥和、光明灿烂的目的地。这是因为有希望的地方就有勇气，就有韧劲，就有坚定与力量。

1832 年，林肯失业了，这显然使他很伤心，但他下决心要当政治家，当州议员。糟糕的是，他竞选失败了。在一年里遭受两次打击，这对他来说无疑是痛苦的。接着，林肯着手自己开办企业，可一年不到，这家企业又倒闭了。在以后的 17 年间，他不得不为偿还企业倒闭时所欠的债务而到处奔波，历尽磨难。随后，林肯再一次决定参加竞选州议员，这次他成功了。他内心萌发了一丝希望，认为自己的生活有了转机：“我可以成功了！”

1835 年，他订婚了。但离结婚还差几个月的时候，未婚妻不幸去世。这对他精神上的打击实在太大了，他心力交瘁，数月卧床不起。1836 年，他得了神经衰弱症。1838 年，林肯觉得身体状况良好，于是决定竞选州议会议长，可他失败了。1843 年，他又参加竞选美国国会议员，但这次仍然没有成功。

林肯虽然一次次地尝试，却一次次地遭受失败：企业倒闭、未婚妻去世、竞选败北。林肯是一个聪明人，他具有执着的性格，他没有放弃，他也没有说：“要是失败会怎样？”1846 年，他又一次参加竞选国会议员，最后终于当选了。

两年任期很快过去了，他决定要争取连任。他认为自己作为国会议员表现是出色的，相信选民会继续选举他。但结果很遗憾，他落选了。

因为这次竞选他赔了一大笔钱，林肯申请当本州的土地官员。但州政府把他的申请退了回来，上面指出：“做本州的土地官员要求有卓越的才能和超常的智力，你的申请未能满足这些要求。”接连又是两次失败。然而，作为一个聪明人，林肯没有服输。1854 年，他竞选参议员，又失败了；两年后他竞选美国副总统提名，结果被对手击败；又过了两年，他再一次竞选参议员，还是失败了。林肯尝试了 11 次，可只成功了 2 次，他一直没有放弃自己的追求，他一直在做自己生活的主宰。1860 年，他当选为美国总统。

林肯的毅力也许没有一个人能比，他是在屡次的失败中召唤着灿烂的成功，他不会因失败而放弃自己的追求，失败一次也就离成功进了一步。再一次的失败再一次的爬起，是什么在支撑他这么坚持下去呢？是他相信，风雨中灿烂依旧。

然而，在日复一日的忙碌中，许多人都忘记了给自己的生命点燃一份执著的信念，以至于把人生看得索然无味。实际上，希望对于生命来说，是极其重要的。如果生活是船，那么，希望就是帆。你可以没有金钱，但不能没有精神。你可以没有权势，但不可以没有生活的追求。追求是一个人进取的脊梁，它的潜在价值远远不能用有形的物质形态去衡量。

青少年阶段还只是人生的起步阶段，以后要经历的风雨会更多，只要坚信风雨中灿烂依旧，相信，你终会得到自己想到的！

向勇气奔跑

弥尔顿曾经说过："即使土地丧失了，那有什么关系。即使所有的东西都丧失了，但不可被征服的志愿和勇气是永远不会屈服的。"勇气这种滋补剂是世界上最好的精神药物。如果你以一种充满希望、充满自信的精神进行努力，如果你期待着自己的伟业，并且你相信你能够成就这番伟业，如果你能展现出自己的勇气——任何事情都不能阻挡你向前进。可能你遇到的任何失败，都只是暂时性的，你最终必定会取得胜利。另一方面，如果你觉得自己非常渺小，如果你认为自己是一个效率很低、微不足道的人，并且你不相信自己可以出色地完成任务——这就会限制你可能达到的人生高度，你不可能超越你的想象。自我贬低和害羞怯懦不但阻止了你的进步，而且严重损害了你的整个职业生涯，甚至还会损害到你的身体健康。

亲爱的青少年，擦亮你的双眼，是向勇气奔跑，还是向懦弱投怀送抱？

艾文·班·库柏生长在密苏里州贫穷的社区。父亲是移民而来的裁缝师，收入微薄，经常食不果腹。小时候的班必须提着篮子，到附近的铁道捡拾碎煤块回家取暖。他为此觉得很难堪，总是绕过街道，不想让同伴看到。然而，同伴却经常会看到他。有一群恶少，更喜欢守在他回家的路途中，等着取笑他并打他，把他的碎煤块丢得满地，让他哭哭啼啼地回家。因此，班一直难以摆脱恐惧及自卑的阴影。

当他看了哈瑞特·亚格写的《罗勃特·卡夫迪的奋斗》一书之后，决定效法书中像他一样不幸的主人翁，勇敢地抵制横逆。

他借来亚格其他的作品，整个冬天，他都坐在寒冷的厨房内，看完一篇篇勇敢与成功的故事，不觉把自己当成书中的主角，在潜意识中培养了积极的心态。

几个月之后，班又去铁道捡拾煤块。远远地他看到三个恶少躲在一栋屋子后面。他第一个念头是掉头逃跑，接着，他想到书中勇敢的主角，便抓紧篮子，向前走去。

那是一场激烈的打斗。三名恶少同时向班扑过来，篮子掉落在地上，班猛力挥拳，使那些小流氓大感意外；他的右拳击中其中一个人的鼻子，左手打中他的腹部，那名恶少停止攻击，掉头跑了。另外两个人继续联手踢他、打他，他跳了起来，脚落在第二个人的身上，发疯似的，拳头如雨点般落在这个小流氓的腹部和下巴上。这个小流氓无招架之力，爬起来就跑掉了。

剩下那个带头的小流氓。他们在对峙的数秒钟里互相逼视。带头的小流氓被班严厉的目光逼得一步一步倒退，最后也跑掉了。班愤然捡起一个煤块，向他打过去。

直到这时候，班才发现自己的鼻子流血了，身上也布满了淤紫的伤痕。值得！这是班生命中伟大的一天。因为，他克服了自己恐惧懦弱的心理。

班的身材和一年前相差无几，他的对手还和原来一样强悍。不同的是，班下定决心不再受人欺负。从那天开始，他改变了自己的世界。

班打败三名街头恶少之时，再也不是胆小懦弱的班·库柏，而是哈瑞特·亚格书中的少年英雄罗勃特·卡夫迪。从小便不怕邪恶的班长大后，成了一名令罪犯们害怕的法官。

如果班没有勇气去打败那群小流氓，恐怕他也没有翻身的机会。莎士比亚曾经说过：“勇气是在偶然的机会中激发出来的。”勇气可以教人在遇到挫折时，不要畏惧，不要回避，勇敢去面对它，去接受一切挑战，战胜困难，赢得成功。只要勇敢地去行动，去尝试，总会有一些收获，要么收获成功，要么收获经验。

那些成功的人们，如果当初都在一个个人生的挑战面前，因恐惧失败而退却，而放弃尝试的机会，则绝无所谓成功的降临，他们也将平凡。没有勇敢的尝试，就无从得知事物的深刻内涵，而勇敢去做了，即使失败，也由于对实际痛苦的亲身经历，而获得宝贵的体验，从而在命运的挣扎中，愈发坚强，愈发有力，愈接近成功。

如果具备一个不可战胜的灵魂，那么无论在你身上发生什么事，都无法影响到你。当你意识到自己从伟大的造物主那里获得源源不断的能量时，能真正影响到你的事情根本没几件。因为，无论什么事情降临在你身上，你都可以保持足够的勇气继续前行。

主动去做应该做的事

进取，就是不满足，就是不满足已有的发展水平，不满足已取得的成绩。志向高大、努力向上是进取，为改变现状而奋力拼搏也是进取。一个人若是有了它，就会积极向上；一个社会有了它，就会充满活力，就会大踏步地向前发展；一个国家有了它，就会国富民强，蒸蒸日上。

进取心是一种极为珍贵的美德，它能促使一个人做他自己应该做的事，而不是在被动的状态下接受任务。胡巴特说："这个世界愿对一件事情赠予大奖，包括金钱和荣誉，那就是'进取心'。"

一个志向远大的人应当不断地发展自己，不断地丰富自己。在眼界上，努力吸收新的知识，思考新的问题；在事业上，努力争取年年有发展和增长。不满足于现状，不断否定自己，不断超越自己，不断给自己树立新的目标。简言之，进取心就是主动地去做应该做的事情，而不是等待别人的吩咐。仅次于主动去做应该做的事情的人，就是当有人告诉他该怎么做时，立刻去做。更次等的人，只在被人从后面踢一脚时，才会去做他应该做的事。这种人永远都不会有出头之日，他们往往生活在社会的最底层。然而最糟糕的是这种人，他根本不会去做他应该做的事，即使有人跑过来向他示范该怎样做，并留下来陪着他做，他也不会去做。他大部分时间都在失业中，因此，易遭人轻视，命运之神也不会永远眷顾他。

当一个人的进取心达到不可遏止的时候，他的成功便会具有必然性。比尔·盖茨认为：进取心是一个成功人士首先必须具备的品质。当一个人失去进取心时，他周围的一切都将失去光泽。

精卫填海的传说至今还在流传：太阳神炎帝有一个钟爱的小女儿，名叫女娃。炎帝事情很多，每天一大早就要去东海，指挥太阳升起，直到太阳西沉才回家。

炎帝不在家时，女娃便独自玩耍，她很想让父亲带她到东海太阳升起的地方去看一看。可是父亲忙于公事，总是不带她去。一天，女娃一个人驾着一只小船向东海太阳升起的地方划去。不幸的是，海上起了风暴，海浪把小船打翻了，女娃被无情的大海吞没了。

女娃死了，她的精魂化作了一只小鸟，花脑袋，白嘴壳，红脚爪，发出“精卫、精卫”的悲鸣，所以，人们又叫此鸟为“精卫”。

精卫痛恨无情的大海夺去了自己年轻的生命，她要报仇雪恨。因此，她一刻不停地从她住的发鸠山上衔来一粒粒小石子，或是一段段小树枝投进东海，想把大海填平。

大海奔腾着，咆哮着，嘲笑她：“小鸟儿，算了吧，你这工作就是干一百万年，也休想把我填平，还是省点力气吧！”

精卫意志坚定地答复大海：“哪怕是干上一千万年、一万万年，干到宇宙的尽头、世界的末日，我也要把你填平！”

“你为什么这么恨我呢？”

“因为你夺去了我年轻的生命，你将来还会夺去许多年轻无辜的生命。我要永无休止地干下去，总有一天会把你填成平地。”

精卫说完又飞回发鸠山去衔石子和树枝。她衔呀，扔呀，成年累月，往复飞翔，从不停息。后来，精卫和海燕结成了夫妻，生出许多小鸟，雌的像精卫，雄的像海燕。小精卫和她们的妈妈一样，也去衔石填海。直到今天，她们还在做着这项工作。

这虽然是个传说，但是精卫填海的精神对于青少年来说应该是一个很大的激励。它那种锲而不舍、永远进取、永不言败的精神难道我们不为之震撼吗?

面对逆境，如果选择了放弃，也就选择了失败。在人生的旅途中，一些人虽然也曾经努力过，但还是以失败告终。这是因为在前进的路途中他们遭遇了困难，他们厌倦了漫长得看起来没有尽头的征途，于是他们停下来，寻找一个港湾，在那儿躲避风浪。

没有什么比半途而废和丧失希望对未来的威胁更大。放弃和丧失希望不仅不能解决现实存在的问题，而且还会让我们在未来陷入更大的困境。

青少年该如何培养自己的进取心呢?

首先，要做一个积极创新的人。当你认为有某一件事情应该要做的时候，就主动去做。

其次，要有出类拔萃的愿望。

有时候,我们想提出某一建议,但没有提出来。为什么?因为我们担心、害怕。不是担心我们不能完成那项工作，而是担心别人会说三道四，害怕别人讽刺挖苦。这些担心和害怕使许多人失去了勇气,他们因此望而却步。

只要你勇敢地站出来，你就会受到人们的注意。更重要的是，你显示出了你的能力和抱负。还能有什么比这更让人欣喜呢?

最后，要磨炼自己坚忍的意志。

检测你战胜命运的能力

1. 你从朋友珍妮的日记中发现了多个秘密，极欲与别人分享，你会:

(1)立即告知海伦，说珍妮迷恋她的男朋友。

(2)不打算告诉任何人，但会让珍妮知道你已经发现了她的秘密，使她不敢太放肆。

（3）什么也不做，你和珍妮能做好朋友，正因为你能守秘密。

2. 你正在朋友家中，茶几上放着一盒你爱吃的巧克力，但你的朋友无意给你吃。当她离开房间时，你会：

（1）立即吞下一块巧克力，再抓一把塞进口袋里。

（2）一块接一块地吃起来。

（3）静坐着，抗拒它的诱惑。

（4）对自己说："什么巧克力？我很快就有一顿丰盛的晚餐。"

3. 你发现你的好友未将日记锁好便离开房间，你一向很想知道她对你的评语及她和男朋友的关系，你会：

（1）立即离开房间去找她，不容许自己有被引诱偷看的机会。

（2）匆匆揭过数页，直至内疚感令你停下来为止。

（3）急不可待地看，然后责问她居然敢说你好管闲事。

（4）请催眠专家使你忘记一切秘密。

4. 你深信自己深深爱上了他，但他只在无聊时才想起你，在一个狂风暴雨的夜晚，他要求与你见面，你会：

（1）立即冒着雨去找他，纵然数小时也是值得的。

（2）挂断电话。虽然你很不情愿，但你需要一个更关心你的人。

（3）先要他答应以后更好地待你才答应去，他照例微笑着应允。

5. 你正努力储钱准备年底去旅行，但你看到了一条很适合与他约会时穿的裙子，你会：

（1）每次经过那店铺时都蒙住眼睛，直至过了约会日期。

（2）自己买衣料，缝制一条一样的裙子，但价钱便宜很多。

（3）不顾一切买下它，宁愿哀求父母借钱给你去旅行。

（4）放弃它，没有任何东西能阻碍你的旅游大计。

6. 如果你能在早上 6 点起床温习功课，晚间便有更多时间，令你做事更有效率，你会：

（1）虽然每天早晨 6 点闹钟准时闹醒你，但你仍然赖在床上直至 8 点才起来。

（2）把闹钟调到5点半，以便能准时在6点起床。

（3）约在6点半起床，然后淋热水浴使自己清醒。

（4）算了吧，睡眠比温习更重要。

7. 你对新年所许下的诺言所抱的态度是：

（1）只能维持几天。

（2）维持2～3年。

（3）懒得去想什么诺言。

（4）到适当的时候就违背它。

8. 医师建议你多做运动，你会：

（1）只在一两天照做。

（2）拼命运动，直至支持不住。

（3）每天漫步去买雪糕，然后乘计程车回家。

（4）最初几天依指示去做，待医生检查后即放弃。

9. 你要在6周内完成一项重要任务，你会：

（1）在委派后5分钟即开始进行，以便有充足的时间。

（2）限期前30分钟才开始进行。

（3）每次想动手时都有其他事分神，你不断告诉自己还有6周时间。

（4）立即进行，并确定在限期前两天完成。

10. 朋友想跟你通宵看录像带，但你需要明早7时起床做兼职，你会：

（1）看到晚上9时半回家睡觉。

（2）拒绝，好好地睡一觉。

（3）视情绪而定。要是太疲倦就告假。

（4）看通宵，然后倒头大睡。

结果分析：

选项 \ 得分 \ 题号	1	2	3	4	5	6	7	8	9	10
(1)	1	1	4	1	3	2	2	1	3	3
(2)	2	2	3	2	2	4	4	4	2	4
(3)	4	3	2	4	1	3	1	3	1	1
(4)	–	4	1	–	4	1	3	2	4	2

18 分以下：

你并非缺乏意志力，只不过你只喜欢做那些你有兴趣的事，对于那些能即时获得满足感的工作，你会毫无困难地坚持下去。你很想坚持你的新年大计，可惜很少能坚持到底。

18 ~ 30 分：

你很懂得权衡轻重，知道什么时候要坚持到底，什么时候要轻松一下。你是那种坚守本分的人，但遇到极感兴趣的东西时，你的好玩心会战胜你的决心。

31 ~ 40 分：

你的意志力惊人，不论任何人、任何情形都不会使你改变主意；但有时太执著并非好事，尝试偶尔改变一下，生活将会更充满趣味。

第三章

让好习惯常伴你左右

养成良好的习惯

习惯造人，有什么样的习惯，就成为什么样的人。美国著名演讲家罗宾·西格尔说，性格是人的一切习惯的总和。

透过生活中无处不在的习惯，我们可以发现习惯往往与一个人的性格有着非常密切的联系，通过这一点，也可以对一个人的性格进行观察。

历史能使人聪慧，诗歌能使人灵秀，数学能使人精细，自然哲学能使人深沉，伦理学能使人庄重，逻辑学和修辞学能使人善辩。可见，有读书习惯的人，通过书的熏陶，比其他人充实、聪慧、灵秀、精细、深沉、庄重和善辩。

有收藏习惯的人多追求生活的高层次享受，他们不但要求温饱、稳定、家庭和睦，事业成功，而且要有丰富充实的休闲生活，以及在紧张的学习、工作之余消除疲劳，潜移默化地增长知识，得到美的享受。一般来说，收藏是根据个人爱好将某一类物品精心组织、收集并妥善保管、储藏，以自娱或是供他人观察、研究等的一种很有益处的文化娱乐活动。爱好收藏的人希望通过对某一类感兴趣物品的收集、保藏、鉴赏、研究、展示等方式，丰富休闲文化生活，得到美的体验，增长知识，开阔视野，加强感情交流，广交朋友。

在现实生活中，嗜酒如命者多意志薄弱，或古道热肠；视酒如敌者多疾恶如仇，或偏激执拗。喝而能戒者多意志坚定或冷静世故；喝而不多者多宽容随和或圆滑机巧。喝酒者多性格外向，善于交际，为人处世大度豪爽，当然也有可能马虎、放荡；而不喝酒者则多性格内向，怯于交际，他们为人处世时多严谨、沉稳，但也有可能是拘谨、吝啬。

对于寻常人来说，喝茶在很大程度上是为了解渴，而对另外一些人来说，喝茶的习惯则不是喝而是品，在其中能够咂摸出许多的文化韵味和审美情趣来。曾有一首《七碗茶》诗，诗中这样写道：“上碗喉吻润，二碗破孤闷，三碗搜枯肠，惟有文字五千卷。四碗发轻汗，平生不平事，尽向毛孔散。五碗肌骨清，六碗通仙灵，七碗吃不得也，惟觉两腋习习清风生。蓬莱山在何处？玉川子乘此清风欲去……”这《七碗诗》可谓将茶品得淋漓尽致。有品茶习惯的人，其性情境界并不是一般人能够及得上的。

可见，透过日常生活中无处不在的习惯，只要我们仔细研究、揣摸，便能找到许许多多内在的规律。

半夜，卫灵公跟南子对坐闲谈，听见王宫外面的马路上，一辆马车远远驰来，从车轮跟路面接触震动发出的声音，可以推断车上坐着一个人。马车来到王宫门外，车声稍稍停顿一下又响起来，现在的声音跟刚才的不同，车上的人显然已经下车。马车走过王宫大门以后，重新又恢复了较为沉重的响声，马车的主人又回到了车上。卫灵公对南子说，车上的人一定是蘧伯玉。第二天一问，果然不错。南子问卫灵公怎么知道的，卫灵公说，依照规定，坐车的人经过王宫门外要下车步行。当时深更半夜，路上连一个行人也没有，除了蘧伯玉这样的君子，谁还肯遵守这个规定？

有人说伯玉虚伪，也有人说他迂腐。其实不然，他是守法成了习惯。能够把美德化为生活习惯的人，十分值得我们学习。其实生活中处处是习惯，要想把自己培养成杰出的青少年，我们就从养成良好的习惯做起吧。

培养自身的好习惯

成功与失败最大的分野来自于不同的习惯。好习惯可以为一个人带来成功，坏习惯则是一扇通往失败的大门。青少年要想成为杰出的人士，就要让自身养成良好的习惯。

习惯1：忠诚于自己的人生计划

成功的人懂得设计自己的未来。他们认真地计划自己要成为什么人，想做些什么，要拥有什么，并且清晰明确地写出，以此作为决策指导。因此，“以终为始”是实现自我领导的原则。这将确保自己的行为与目标保持一致，并不受其他人或外界环境的影响。我们将这个书面计划称之为“使命宣言”。

任何一个存在的社会组织都需要“使命宣言”，任何一个企业或个人也不例外。“使命宣言”需要阶段性地评估以及持续修正和改良。确立目标后全力以赴，就是我们所说的在正确的时间做正确的事，并把事情做对。

习惯2：做最重要的事情

每个人的时间都是有限的，所以要做重要的事，即你觉得有价值并对你的生命价值、最高目标具有贡献的事情；要少做紧急的事，也就是你或别人认为需要立刻解决的事。消防队的最大贡献应是做好防火工作，而不只是忙于到处救火。因此，“要事第一”是自我管理的原则。成功的人只会有少量非常重要且需立即处理的紧急、危机事件，他们将工作焦点放在重要但不紧急的事情上，来保持效益与效率的平衡。“有效管理”是把最重要的事放在第一位的重点管理。

习惯3：远离钩心斗角的时代

懂得利人利己的人，把生活看作一个合作的舞台，而不是角斗场。一般人遇事多用两分法：非强即弱，非胜即败。其实，世界给了每个人足够的立足空间，他人之得并非自己之失。因此，“双赢思维”成为人们运用于人际领导的原则。

树立双赢思维就是要在人际交往中不断寻求互利，以达成双方都满意并致力于合作的协议计划。利人利己观念的形成是以诚信、成熟、豁达的品格为基础的。豁达的胸襟源于个人崇高的价值观与自信的安全感，所以不怕与人共名声、共财势，从而肯尝试无限的可能性，充分发挥创造力和宽广的选择空间。

习惯 4：换位思考的沟通

与人沟通时，我们常犯这种不分青红皂白、妄下断语的毛病。因此必须强调："了解他人"与"表达自我"是人际沟通不可缺少的要素。

首先要了解对方，然后争取让对方了解自己，才是进行有效人际交流的关键，要改变匆匆忙忙去建议或解决问题的倾向。要培养设身处地"换位"沟通习惯。欲求别人的理解，首先要理解对方。有效地倾听不仅可以获取广泛的准确信息，还有助于双方情感的积累。当我们的修养到了能把握自己、保持心态平和、能抵御外界干扰和博采众家之言时，我们的人际关系也就上了一个台阶。

习惯 5：过着身心平衡的生活

人生最值得投资的就是磨炼自己。生活与工作都要靠自己，因此自己是最值得珍爱的财富。工作本身并不能给人带来经济上的安全感，而具备良好的思考、学习、创造与适应能力，才能使自己立于不败之地；拥有财富，并不代表有永远的经济保障，拥有创造财富的能力才真正可靠。身心和意志是我们达到目标的基础，所以有规律地锻炼身心将使我们能接受更大的挑战，静思内省将使人的直觉变得越来越敏感。当我们平衡地在这两方面改善时，则加强了所有习惯的效能。这样我们将成长、变化，并最终走向成功。

习惯 6：1+1＞2

集思广益的合作威力无比。许多自然现象显示：全体大于部分的总和。不同植物生长在一起，根部会相互缠绕，土质会因此改善，植物比单独生长更为茂盛；两块砖头所能承受的力量大于单独承受力的总和。这些原理也同样适用于人，只有当人人都敞开胸怀，以接纳的心态尊重差异时，才能众志成城。

远离不良习惯

坏习惯就像心中的害群之马。它是日积月累的习惯，它是难以驱散的乌云。

远古时候，轩辕黄帝要到具茨山去寻找一位叫大隗的“完人”，向他请教治理天下的良策。出发前，黄帝请了一些很有经验的人做向导和随从。可是，当他们行至襄城郊外时，还是迷了路，绕来绕去总是找不到出路。黄帝一行正在万分着急的时候，忽然看见空旷的野地里有个牧马的男孩，黄帝就赶快过去问他：“你知道去具茨山的方向吗？”男孩说：“当然知道。”黄帝心中大喜，连忙又问：“那你知道大隗住在什么地方吗？”男孩看了看黄帝说：“知道。我什么都知道。”黄帝见他果然聪明伶俐，于是逗他说：“你的口气真大，既然什么都知道，那我问问你，如何治理天下，你知道吗？”男孩爽快地回答说：“那有什么难的。”说完男孩却跳上马背要走开。黄帝拉住男孩再问，男孩回答说：“治理天下，与牧马相比有什么不同吗？只不过是要把危害马群的坏马驱逐出去而已。”男孩说完，骑马离去。

黄帝闻听此言，茅塞顿开，连向牧童离去的方向叩头拜谢，然后驱车打道返回。

治理天下需要清除害群之马就可以了，那么同样，要想成功，清除掉自己身上的不利于成功的因素也就可以达到成功了。

孔子年轻的时候，很喜欢到他隔壁的邻居家去。他的邻居是一位技艺精湛的老石匠，一块块岩石经过他的刻凿，便成了千姿百态、栩栩如生的花鸟石刻。

一天，孔子又踱至邻家，那个老石匠正叮叮当当为鲁国一位已故大夫刻石铭碑。孔子叹息道："有人淡如云影来去无痕，有人却把自己活进了碑石，活进了史册里，这样的人真是不虚此生啊！"

老石匠停下锤，问孔子说："你是想一生虚如云影，还是想把自己的名字铭进碑石，流芳千古？"

孔子长叹一声说："一介草木之人，想把自己刻在一代一代人的心里，那不是比登天还难吗？"老石匠听了，摇摇头说："其实并不难啊。"他指着一块坚硬又平滑的石块说："要把这块石坯刻成碑铭，就要雕琢它。"老石匠说完，就一手握凿一手挥锤叮叮当当地凿起来，一块块石屑很快在锤子清脆的敲击声中飞起来。不一会儿，岩石上便现出了一朵栩栩如生的莲花图案。老石匠说，如果想使这个图案不容易被风雨抹平，那就要凿得更深些，要剔掉更多的石屑。只有剔凿掉许多不必要的石屑，才能成为浮碑铭。

敢于剔凿掉自己不良的习惯，不断割舍生命中多余的"石屑"——这样的人生才能凸现生命的质感，镂刻出别样的景致。

青少年还没有太多地接触社会，但是，如果不改掉小毛病就会蔓延至一生，成为一种坏的惯性，影响你的一生。

1. 对消极行为说"不"

蛛网有许多种——有些是细小的，有些是巨大的，有些是脆弱的，有些是结实的。然而，如果你把你自己的蛛网再列一张表，然后仔细检查每个蛛网的各条蛛丝，你就会发现它们都是由消极的习惯织成的。

你把它们考虑一会儿，然后你会发现由消极的习惯所织成的最强有力的蛛网就是惰性蛛网。惰性会使你无所作为；如果你转向错误的方向，它就会使你不去抵抗或不思进取。你就会继续前进，向下滑去。

2. 避开牢骚的瘟疫

在现实生活中，失败者往往对自己的前程失望悲观，他们不喜欢自己的工作和所处的环境，总以为周围的人都是又虚伪又愚蠢，他们对任何事情都觉得不感兴趣，却又把自身的失意和无聊习惯传染给周围的人。要想成为一个成功的人，生活中一定要避免发牢骚。

3. 做人不可太偏激

在生活中，我们常听人说某某不可相处，仔细观察就会发现，这一类人主要是做人太偏激，疾恶如仇，眼里容不得半点沙子。这种人到哪都没有好人缘。

由此可见，与人相处不可太偏激。处理问题头脑要冷静，客观、全面地想问题，切忌忽左忽右，极端片面。有的人天性偏激，就要通过后天的训练去克服，这时方法的运用就很重要。

4. 杂乱无章乱处多

如果你有幸到美国华盛顿的国会图书馆参观，就会看到天花板上有几个醒目的大字："秩序是天国的第一要律。"依此类推，秩序也应是商界和生活的第一要律。

芝加哥和西北铁路公司总裁罗兰·威廉斯说过："那些桌上总是堆满东西的人会发现：如果你把桌上清理干净，只保留与手头工作有关的东西，这样会使你的工作进行得更加顺利，而且不会出错。我把这一点称为好管家，这也是迈向高效率的第一步。"

只要我们稍加留心就会发现，很多人的桌上经常堆满了东西，可有些东西一连几个星期也不曾看一眼。

在多数情况下，杂乱无章只会带来相反的效果。它会阻碍你把精神集中在某一件事情上，因为当你正在做某件事情的时候，你的视线经常会被其他事物吸引过去。另外，桌上的东西杂乱也会制造出一种紧张和挫折感，你会觉得一切都缺乏组织，而且被压得透不过气来。

5. 搬弄是非不可取

人的舌头既是最好的东西，也是最坏的东西。有智慧的人，宁可因寡言被人谴责，而不会多言惹人讨厌。

爱迪生说："一个谎言，一定要用另外一个谎言加以弥补，否则它会漏洞百出。"这等于说明了：一个人扯了一个谎，一定会被迫再编造更多的谎言去支持它。

林肯说："你可以在所有的时间中欺骗某些人，你也可以在某些时间中欺骗所有的人，但你却不能在所有的时间中欺骗所有的人。”

其实，有人群的地方就有是非；有相信“是非”的，就有搬弄是非人的用武之地。所以，是非终日有，不听自然无。

6. 不要杞人忧天

为了明天会更好，每个人无不战战兢兢地过活，谁都害怕今天所有的一切明天会幻化成泡影，所以，这样的恐惧感就油然而生了。

虽说适当的恐惧感可以成为促使我们奋发向上的动力，没有了它，大多数的人就失去了激发自己向上的原动力，也就是没了奋斗动机。但是，过度恐惧却不是一件好事，只会让我们成天忧心，久而久之成了习惯，甚至于内化成个人的性格，变成无事不忧、无事不虑，这反而绑手绑脚，让你什么事也做不了。

7. 不要前怕狼后怕虎

人的一生中，没有什么东西比机会更宝贵了。它就像闪电一样稍纵即逝，而做事犹犹豫豫，当断不断，前怕狼后怕虎，往往是失去宝贵机会的主要原因。

也许当你在思前想后、左顾右盼的时候，一个能改变你一生命运的绝好时机就错过了。你该怎么办呢?

因此，从现在起，改正这一切，做事要有目的性，能自觉认识自己行动的正确性和重要性，才会使人信赖你。做事要果断，不可前怕狼后怕虎，顾虑重重。一个优柔寡断的人很难赢得别人的信赖。

8. 刻薄是柄双刃剑

如果你习惯对别人刻薄，那么别人必将以牙还牙。所以，一个心胸狭窄、没有度量的人，他的刻薄在伤害别人的同时，也将伤害自己。举例来说，当你受到别人的刻薄对待或歧视时，一定会觉得闷闷不乐。这时候，你应该要调整自己的身心，恢复活力。

9. 猜疑是内耗的祸根

猜疑是基于一种对他人不信任的、不符合事实的主观想象，是人际交往过程中的拦路虎。

具有猜疑习惯的人与别人交往时，往往抓住一些不能反映本质的现象，发挥自己的主观想象进行猜疑而产生对别人的误解，或者在交往之前对某人有某种印象，在交往之中就处处用这种习惯效应与对方接触，对方一有举动，就对原有成见加以印证。

虽然猜疑习惯有种种表现，但我们可以发现其共同的特征，即没有事实根据，单凭自己主观的想象；抓住“毛皮”，忽略本质，片面推测；不怀疑自己的判断，只是相信自己，怀疑他人，挑剔他人。具有猜疑习惯的人把自己置于一种苦恼的心态中，对别人采取不信任的态度，严重的甚至对自己的感觉也产生怀疑。

10. 不要无视对方的自尊

最大的伤害莫过于无视对方的自尊。安东尼·罗宾指出，当朋友的友情或者某种合作的工作关系发展到难以维系的程度时，许多人会从心里冒出这样一个习惯：管他呢，反正维持不下去了，即使自己做得过分一些也没关系。

记住，此时你正处在一个犯巨大过错的边缘。如果你的这些过火行为给对方留下了永久的伤害，那么即使合作或朋友关系彻底破裂，你仍然会遭受到可怕的后果。

11. 抛弃自怜的念头

摆脱自怜的习惯，要依靠行动，尽可能把自己表现成一个没有缺陷的人。因为每次我们采取旧的行为方式，把自己表现得很无助或一文不值的时候，都加强了一种观念，认为自己十分可怜。

人是万物之灵。通过大脑的思考、观测，我们能够清醒地认识自己的优缺点。我们还能通过自己的信念意志去控制、改变自己的言行。在认识自己的整个过程中，通过与他人的比较，我们便会产生一定的整体认识，这时，我们应当有意识地避免一些偏见和不良习惯的干扰和影响，形成自己独到的见解。

12. 从自弃中走出来

有一位学者曾经指出，自暴自弃是成功的头号天敌。其实孟子早就说过：“自暴者，不可与有言也，自弃者，不可与有为也。言非礼义，谓之自暴也；吾身不能居仁由义，谓之自弃也。”

13. 不要永远觉得自己不够好

这种人患有“事业的惧高症”。他们聪明，富有经验，但是一旦被拔擢，反而毫无自信，觉得自己不胜任；此外，他没有往上爬的野心，他觉得自己的职位已经太高，或许低一两级可能还比较适合。这种自我破坏与自我限制的习惯，有时候是无意识的。但是，这种无意识的习惯却常常会让自己付出很大的代价。

14. 和平至上不可取

这种人不惜一切代价，避免冲突。为了维持和平，他们压抑感情，结果，他们严重缺乏面对冲突、解决冲突的能力，到最后，这种解决冲突的无能，就会蔓延到生活中的每个角落。

15. 不要强横压制反对者

他们言行强硬，毫不留情，就像一台推土机，凡阻挡去路者，一律铲平，因为横冲直撞，攻击性过强，不懂得绕道的技巧，结果，反而害了自己的事业生涯。

16. 天生叛逆不一定是件好事

天生叛逆的人会为了某种理想而坚持不懈。在稳定的社会或企业中，这些人总是很快表明立场，觉得妥协就是屈辱，如果没有人注意他们，他们会变本加厉，直到有人注意为止。

17. 放弃眼高手低

他们常说，“这些事情真无聊”，但是，他们内心的真正感觉是，“我做不好任何事情”。他们希望年纪轻轻就功成名就。但是他们又不喜欢学习、求助或征询意见，因为这样会被人以为他们“不胜任”，所以他们只好装懂。而且，他们要求完美却又严重拖延，导致工作严重瘫痪。

18. 讲究分寸

不懂分寸的人不知道，有些是可以公开谈，有些却只能私下说。他们通常都是好人，没有心机，但是，古谚说，通往地狱之路是由善意铺成。这种管不住嘴巴的人，只会断送事业生涯。

不要固守习惯

有一个寓言故事说，狗家族出了一条很有志气很有抱负的小狗，它向整个家族宣布：去横穿大沙漠！所有的狗都跑来向它表示祝贺。在一片欢呼声中，这只小狗带足了食物、水，然后上路了。3 天后，突然传来小狗不幸死亡的消息。

是什么原因使这只很有理想的小狗牺牲生命呢？检查食物，还有很多；水不足吗？也不是，水壶还有水。后来，经过研究终于发现了小狗死亡的秘密——小狗是被尿憋死的。

之所以被尿憋死是因为狗有一个习惯——一定要在树干旁撒尿。由于大沙漠中没有树，也没有电线杆，所以可怜的小狗一直憋了 3 天，终于被憋死了。

狗是如此，人呢？

狗是习惯的动物，同样人也是习惯的动物，习惯中的高级动物。

一个人的行为方式、生活习惯是多年养成的。比如，与人交往的形式、与人沟通的方式、与人相处的模式，都是多年累积慢慢形成的，因而，要想有所改变也同样需要长时间的磨炼。

如果把一只青蛙放到 80℃的热水里，青蛙会立即跳出来；如果把一只青蛙放在冷水里，然后慢慢地把冷水加热到 80℃，青蛙因为习惯水温而失去了对热水的敏感，不但不跳而且被活活煮熟。

我们必须承认，在我们的身上或多或少都有一些不好的习惯。习惯是慢慢养成的，不管我们有没有意识到，这些习惯对我们的成功无疑是构成了潜在的威胁，因此，改变是必需的。特别是在知识经济年代，外界总是瞬息万变，原来已经形成的一些习惯理所当然因为这种改变而适应不了了，如不及时调整或改变，势必对成功造成不利影响。

改变是不容易的，因为对一贯的做法已经很自在、很舒服，所以，人都有一种本能的抗拒改变的倾向。但是，对于阻碍成功、妨碍前进，以及对成长形成障碍的坏习惯必须改掉，所以，青少年应该选择理智的做法：正视改变、迎接改变、接受改变。

一个小孩在看完马戏团精彩的表演后，随着父亲到帐篷外拿干草喂养表演完的动物。小孩注意到在一旁休息的大象，问父亲："爸，大象那么有力气，为什么它们的脚上只系着一条小小的铁链，难道它无法挣开那条铁链逃脱吗？"

父亲笑了笑，耐心为孩子解释："没错，大象是挣不开那条细细的铁链。在大象还小的时候，驯兽师就是用同样的铁链来系住小象，那时候的小象，力气还不够大，小象起初也想挣开铁链的束缚，可是试过几次之后，知道自己的力气不足以挣开铁链，也就放弃了挣脱的念头，等小象长成大象后，它就甘心受那条铁链的限制，而不再想逃脱了。"

正当父亲解说之际，马戏团里失火了，大火随着草料、帐篷等物，燃烧得十分迅速，蔓延到了动物的休息区。动物们受火势所逼，十分焦躁不安，而大象更是频频跺脚，仍是挣不开脚上的铁链。

炙热的火势终于逼近大象，只见一只大象已被火烧着，灼痛之时，猛然一抬脚，竟轻易将脚上的铁链挣断，迅速奔逃至安全的地带。

其他的大象，有一两只见同伴挣断铁链逃脱，立刻也模仿它的动作，用力挣断铁链。但其他的大象却不肯去尝试，只顾不断地焦急转圈跺脚，最后遭大火席卷，无一幸存。

在大象成长的过程中，人类聪明地利用一条铁链限制了它。虽然那样的铁链根本系不住有力的大象。

可在我们的头脑中，是否也有许多看不见的链条系住我们？而我们却已经把这些视为习惯，理所当然，进而向环境低头。

这一切都是我们心中那条系住自我的习惯在作祟罢了。

体育运动中举重项目之一的挺举，有一种"500 磅（约 227 公斤）瓶颈”的说法，也就是说，以人体的体力极限而言，500 磅是很难超越的瓶颈。499 磅的纪录保持者巴雷里，比赛时所用的杠铃，由于工作人员的失误，实际上超过了 500 磅。这个消息发布之后，世界上有六位举重好手在一瞬间就举起了一直未能突破的 500 磅杠铃。

有一位撑竿跳的选手，一直苦练都无法越过某一个高度。他失望地对教练说：“我实在是跳不过去。”

教练问：“你心里在想什么？”

他说：“我一冲到起跳线时，看到那个高度，就觉得我跳不过去。”

教练告诉他，“你一定可以跳过去。把你的心从竿上摔过去，你的身子也一定会跳过去。”

他撑起竿又跳了一次，果然跃过。

可见，一切固守在内心深处的习惯往往都会束缚着你的手脚，使你无法施展。

在民间流传的故事当中，有这么一则笑话：

一位老太太的两个女儿都出嫁了。大女儿家做雨伞，小女儿家做布鞋。天晴时，老太太发愁：大女儿的伞卖不出去，日子怎么过？下雨时，老太太也发愁：小女儿的布鞋没人要，一家子怎么活？这天空不是晴就是雨，老太太就天天愁，月月愁，年年愁。

有个善于创造性思维的人规劝老人：你应该掉过头来想，天晴时想，小女儿可好了，这天气布鞋好卖；下雨时想，大女儿可好了，这天气雨伞热销。果然，这以后，老太太天天乐，月月乐，年年乐，日子过得很舒心。

可见，创造性思维的方向与路线多么有趣！同样的现象，不一样的思维，竟造成两种完全不同的心态。

老太太将“晴”与“伞”两个点联系起来，得到的结论是“伞”不好卖，大女儿受苦，自己因此而发愁；同样，她又将“雨”与“鞋”联系起来，得到的结论是“鞋”不好卖，小女儿受苦，自己因此而发愁。

善于改变习惯思维的人劝老太太将“晴”与“鞋”联系起来，得到的结论是小女儿的鞋好卖，日子好过，自己快乐；同样，将“雨”与“伞”

联系起来，得到的结论是大女儿的伞好卖，日子好过，自己快乐。

二者都是线式思维，思维半径扩大了，内容丰富了。但方向不同自然结果也就不同了。

青少年一定要活用习惯，而不要固守习惯。

不妨给自己一点“恐惧感”和“诱因”

意识产生动机，动机产生行为，这需要有动力。改变习惯同样需要有动力，动力来自哪里？动力有几种呢？

一个智者把三个胆量不同的人领到了山涧的旁边，跟他们说：谁能够跳过这个山涧，我承认谁胆子大。

第一大胆的人跳了过去，得到了智者的赞美。其他两个人不跳，这时智者拿出一块金子，说谁能够跳过去我承认谁胆子大，第二大胆的人跳了过去。第三大胆的人还是不跳，这时此人后面出现了一头狮子，此人发现如果不跳生命即将结束，一用力，也跳了过来。这三个人都能够跳过山涧，但使得他们能够跳过去的这个行为发生的动力不同。

使人的行为发生的动力有两类：恐惧和诱因。行为发生了，是因为诱因足够，行为没有发生，是因为恐惧不够。如果一种习惯改变了，是因为诱因足够，如果一种习惯没有改变，则是因为恐惧不足。

恐惧比诱因有更大的动力。你可以不为金钱利益所动，但是你害怕失去：害怕失去自由、害怕失去健康、害怕失去爱。所以马基雅维里说：“恐惧比感激更能够维系忠诚。”

改变习惯需要动力，动力分为诱因或恐惧。不管是国外还是国内，在古代的时候，君主都是以武力来实现统治，即利用臣民对自己的恐惧达到统治的目的，而不是对臣民好一点，让他们产生感激来维系忠诚。

因为感激是不可靠的，出于感激，人们只会在满足自己的情况下，再考虑对方。而恐惧就不一样了，它甚至可以让你先满足对方的要求，再考虑自己。

一个人要改变习惯真的很难，要让一个不喜欢学习的人每天都去学习，他会觉得很不舒服。但是到了快要考试的时候，他就有了压力，考试不及格怎么办？如果考得好的话可以拿奖学金，对以后的推荐上研究生、出国、找工作都很有好处。面对恐惧和诱惑双重影响，他就会逼着自己改变习惯，因为他有了动力。

森林公园为了保护鹿，把狼赶走了。但是一些鹿却得病而死。得病的原因是缺少运动，为什么缺少运动？因为没有了天敌——狼，所以不用奔跑了。后来森林管理人员又把狼引进了公园，这样鹿们又恢复了健康。

青少年，不妨给自己一点“恐惧感”和“诱因”，你的不良习惯也许就遇到了“天敌”。

检测你培养好习惯的能力

1. 你已定下达到这个目标的时限。
2. 你已制定了一生最重要的目标。
3. 你知道生活中有哪些人能帮助你达到目标。
4. 你已有达到目标的具体计划。
5. 你知道怎样去消除自己消极的想法。
6. 你知道如何培养积极的心态。
7. 你看过有些人，不见得做得比别人多，却成功了。

8. 你经常为同事分担工作。

9. 下属的表现和你一样好，你会感到很满意。

10. 你认为一个勤奋的人，应该享有高薪。

11. 经常对自己不了解的事表示意见。

12. 提高工作的专业知识，非常重要。

13. 再愤怒，也不会口不择言。

14. 有疑惑时，会去探讨事实与真相。

15. 容易失去耐心。

16. 经常不假思索就脱口而出。

17. 你为人正直。

18. 经常被情绪左右。

19. 能理性地摆脱以下七种基本的恐惧：贫穷，批评，疾病，失去爱，年老，失去自由，死亡。

20. 有信心做到自己决定要做的事。

21. 共事的人都喜欢你。

22. 经常和别人起冲突。

23. 经常尝试更好的规划，以提高工作效率。

24. 和别人和睦相处。

25. 在工作上具备别人所没有的优越条件。

26. 你需要由别人为你规划工作。

27. 容易受到影响而改变计划或决定。

28. 经常拖拖拉拉。

29. 一项努力失败了，会继续尝试。

30. 即使遭到挫折，也会继续努力。

31. 由挫折中得到启示，将“挫折”转变为前进的动力。

32. 挫折就是——失败。

33. 觉得自己有发明天分。

34. 你的建议经常被采用。

35. 把收入的固定比例储蓄起来。

36. 能接受任何构想，即使后来证明行不通。

37. 有无法控制的坏习惯。

38. 用钱从不考虑是否已预支。

39. 刚改掉不良的习惯。

40. 刚养成新的良好的习惯。

结果分析：

第 7、10、11、16、15、18、22、26、28、27、32、38、37 题都应该答：否；其余答：是。答对一题得 1 分，答错扣 1 分。

35 分以上：

你对自己的能力从来没有怀疑。你不容易被七情六欲所左右，任何挫折都不能击倒你。你的奋斗精神惊人，只要等到机会，绝对能一飞冲天！

31 ~ 35 分：

基本条件不错，但需要经过一段摸索和调整，才能确立方向，偶尔的挫败对你会有些许的影响，但能很快就恢复过来，继续努力。

21 ~ 30 分：

这是处于中间状态，顺境中可以脚踏实地，一遇到挫折却方寸大乱。

20 分及以下：

这是不理想的状态，现实中你是个失败的人。

也许，成绩不理想，但请不要灰心。把测验从头到尾再看一遍，可以和家人、朋友讨论，直到每一项都成为你生活中的一部分，培养良好的习惯就能激励你每一次的行动。持续下去，3 个月后再做测验，你的回答会更正确，也更确定。

第四章

每天学习一点点

让知识转化为能量

时代的发展打破了人们往日对知识的理解。

人们已认识到，知识并不等于能力。21世纪对能力界限的新要求迫使人们重新审视自己所学的知识。

培根“知识就是力量”的口号提出以后，又明确地指出：“各种学问并不把它们本身的用途教给我们，如何应用这些学问乃是学问以外的、学问以上的一种智慧。”

也就是说，有了同等知识，并不等于有了与之同等的能力，掌握知识与运用知识之间还有一个转化过程，也就是学以致用的过程。

如果有知识不知应用，那么拥有的知识就只是死的知识。死的知识只能当画看，但看久了也就烦了。

因此，在学习知识时，不但要让自己的头脑成为知识的仓库，还要让它成为知识的熔炉，把所学知识在熔炉中消化、吸收。

一位初中学生写了一篇学以致用的作文：

在这个星期里，我们班就发生了这样一件事。星期一下午，我到化学实验室去上化学课，实验一点一点地接近尾声。就在离下课还有两分钟时，我意外地发现，在我的抽屉里，居然有一个崭新的“诺亚方舟”牌的电子词典。要知道，我昨天才买了一个文曲星，今天又捡了一个，真是太走“狗屎运”了！“铃铃……”这时下课铃响了。化学老师迅速地离开了教室。这可怎么办呢？

就在这个时候，小明走到我的身边，惊奇地发现我的手里有一个文曲星（要知道，我可是班上的“难民”），就问：“你怎么有个文曲星呢？莫不是你捡来的吧！”等他知道真相后，就感叹道：“你太走运了，反正你已经有一个文曲星了，不如把这个给我吧！”唉，这个小明，又打鬼主意，我在心里说。而嘴上却说：“这怎么行，这是别人的财产，你无权动它。”一路上，有几个同学都向我提出这个问题。莫不是所有的同学都有着这么强的私心？我心里不禁产生了疑惑。

“罗晓飞，我捡了一个文曲星，你要不要？”我故意这样问道。“真的，这样的好事我求之不得哩！”我一听到这个回答，心里马上凉了一截：连思想品质不错的同学都这样说，这个世界真是太灰暗了。

在思想政治课中讲过：“捡到他人遗失的钱物不归还是违法的行为。”照这样说，如果我们班的同学捡了东西的话，那基本都会归为己有，那都会违反法律。学习了知识就要应用到实际生活中去，思想政治也一样，思想政治是用来美化我们的思想，是用来提高我们的道德水平，如果我们学了思想政治而不运用到实际生活中去的话，那就等于白学了，那课堂40分钟岂不是浪费了吗？

同学们，请你们记住“学以致用”这个成语，你们的成绩、能力都会大大提高的。

一个初中生的简单作文道出了一个深刻的道理：我们学习知识不能只啃书本，学一套，做又是一套，结果只能是原来的你，没有任何改变，没有丝毫的进步，这样的学习是毫无意义的。现在有不少青少年在学习时都会问：“我学了这么多的知识干什么？难道是为了考试？”的确，考试是学习的目的之一，但是，学习还有着更为重要的目的，那就是去实践。

陆游诗云：“古人学问无遗力，少壮工夫老始成。纸上得来终觉浅，绝知此事要躬行。”

顾炎武用“行万里路，读万卷书”来表达自己的学习主张。

儒家大师朱熹也提出“先须熟读，使其言皆若出于吾之口，继以精思，使其意若出于吾之心”。

只要我们能够做到学以致用，便能在有限的时间内，阅读更多的书籍，取得意想不到的收获。

读书的目的就在于在实践中应用，在于指导人们的生活，读书若不与实际相联系，是毫无用处的。最为行之有效的读书方法便是理论与实际相联系地读书。

学以致用，这是成大事者必备的一种能力，知识的作用只有在运用中才能被发挥出来，这也是成功者之所以能成大事的关键所在。要想成功，就必须让知识转化为能量，那就赶紧培养你学以致用的习惯吧。

如何正确选择书

古人云：“腹有诗书气自华。”具有渊博知识的青年人会散发出一种儒雅的风度。一个具有渊博知识的青年人，远比那些随波逐流、见识肤浅的同龄人更有魅力。

司马迁很小的时候就博览群书，20岁时，便开始遍游祖国各地，了解了各地历史和风土人情，积累了丰富的学识。他做太史令后，常跟随皇帝在全国巡游，搜集并阅读了大量的历史资料。宫廷里的藏书都被他读遍，掌握了大量的史料。在“李陵事件”的悲惨遭遇中，他从“西伯拘而演《周易》，仲尼厄而作《春秋》，屈原放逐，乃赋《离骚》，左丘失明，厥有《国语》”等先圣先贤的遭遇中获得了求生的希望，以顽强的毅力，历时10年编写了历史巨著《史记》，流芳千古。试想，司马迁若是没有阅读大量史料，在遭遇大难后，空虚的灵魂没有史书中那些先圣先贤的激励，没有丰富的学识让他先前的宏愿得以实现，可能中国的史书就不会有司马迁这个名字。

渊博的知识是修养的前提。学识的素养，不是短时期可以装模作样的假象，而是贯穿于生活每个细节中的自然流露、自然表现。黄山谷曾说：“三日不读书，面目可憎。”可知读书求知的重要性。这也正是为何有的人面目平常，但谈起话来，使你觉得可爱，如沐春风；有的人为何满面脂粉，姿态万千，但交谈却风韵全无、索然无味的原因。

所以，青少年要多读经典名著，从中吸取丰富的营养戏剧大师莎士比亚说过：“书籍是全世界的营养品，生活里没有书籍，就好像没有阳光，智慧里没有书籍，就好像鸟儿没有翅膀。”青少年朋友们，由此我们可以想到，读书对我们是何等的重要。正像俄国作家普希金所说：“书籍是我们的精神食粮。”亲爱的青少年朋友们，立即行动起来吧！向知识进军，用书籍点燃智慧的明灯，这，就是我们的心声！

关于读书择优之理，德国哲学家叔本华早就指出：要坚持宁缺毋滥的原则，拒绝坏书，“应该去读那些伟人的、或已被事实证明是好书的名著”，只有这样，才能真正称得上开卷有益。

如何正确选择书呢？

1. 谨慎选择阅读，否则会浪费太多的时间

由于暂时我们的图书市场正在转型，往往缺乏规则和真正的文化水准，“著书立说”太容易，导致了“书海”里鱼龙混杂，更严重的是由于现代工业文明所带来的许多“污染”也一并流入“海里”，使我们的选择非常困难，而书价又那么高，真是有点无所适从。

最好不要把时间浪费在毫无意义的书籍上。那些书籍，大多是一些没有多少思想的懒散作家杜撰出来的，它们是为那些怠惰而又无知的读者所创作的。虽然这种图书没什么大害，却也无益，最好不要让它浪费你的大好青春时光。

2. 不应把读书当作你现在最重要的任务

你现在最重要的是学习如何做事和处世，而不是读书，在这个时期，要按照自己的实际情况，选择不得不读的书，否则，你是很难把自己的时间安排好，甚至本末倒置，或者顾此失彼。

3. 能真正影响你的书也许只有几本

书是读不完的，因此，要读有用的书，读有利于增长自己办事能力的书，读有利于提高品位的书，读能激励自己的书，读能提高生活能力和质量的书。

在读书时，要考虑到对你的将来可能会有用的相关知识，建议去网罗一些与自己的兴趣爱好相关的图书。除了与这些兴趣有关的图书以外，其他一概不看，再依次序阅读一些值得信赖的有关政治、经济等图书资料，并详加研究。

如何进行有效的阅读呢？

要想利用青少年的每一个机会来学习的话，你就必须有效地利用你的时间进行有效的阅读。

1. 标重点

读书时你最好先看看每一章的内容提要，许多好的教科书都有这种提要。然后，你可以浏览一下内容，特别留心作者和出版者的思路线索。标题的不同大小和不同字体，会告诉你哪一点应该看作要点，哪一点是次要点，哪些是又次的要点。在一张纸上写下整章的提纲，把它裁成书本大小，然后装在这一章的开头，这样做对你来说是会很有好处的。列提纲能帮助你对一章的内容有个概括性的了解，并且迫使你去了解作者思路的逻辑性（或者逻辑性的不足）。你列的提纲将来可以用来进行复习。

要想改进列提纲的技巧，你一定得找出一章中每节、每小节甚至每一段落中的关键性句子。写得好的教科书通常都把这种关键性句子放在一个段落开头的地方。如果你能找出说明段落主题的句子，你应该以能够使你在将来方便地查找的方式把它们做成笔记。要注意书中的图片和图表。

2. 手拿铅笔开始第一遍通读

在开始通读以前，你应牢记住一点：这一次深入阅读对于你将来快速地复习这一章内容来说是个黄金般的好机会。因此，你应手执铅笔，随时圈画，不要考虑你的书籍的干净漂亮。一本书的价钱比起优秀的学习成绩来说是微不足道的。当然，图书馆的书和学校的书是不能涂画的。如果你读的书不是你自己的，可以用笔记本把要点内容记录下来，同时这些要点所在的页数也要记下来。

你读书的时候，通常的目的是找寻你所需要的知识和材料，因此每一段的重要句子下面都要画上横线（用铅笔），突出重要的地方除了画线，在旁边还可以加上一个星号；把每个生字或技术性字词圈起来；在自己喜欢或觉得精彩的地方也可作标注。

3. 手拿红笔进行第二遍阅读

在对你所读的内容有了一个总的认识之后，应该再读一遍，把你现在认为的确重要的内容用红笔标出来。你可以把提示重要人物的星号用红笔圈起来；你可以把画在专业词汇外面的圈涂红，使之更加醒目突出；可以用红笔标出最重要的表格、图表和图片。这样做的目的在于突出真正重要的部分，并且使每一页书尽量地与另一页书有所区别。这种区别对于一个在考试时回忆以前学过些什么的学生来说经常是有很大帮助的。

4. 和别人进行讨论

学习的真谛并不是仅仅把课本的各个细节背诵下来，而是汲取可以致用的事实材料和思想观点。要想掌握一本书中最有价值的内容，最好的方法莫过于同别人一起进行复习和讨论了。两个或者两个以上在读同一本书的人互相提问关键性名词的词义，提问一章教科书的主题，或者就书上的结论展开争论，能使大家都有所收益。这样的活动可以迫使你把思想理出头绪，以便清楚、简明地表达你的观点和看法。

学会了阅读就像掌握了一门技能，不仅可以节省你阅读的时间，还可以提高你阅读的质量，真正吸取书中的精华。

培养自己全方位的能力

新世纪的青少年，充满个性，喜欢张扬。在社会竞争日趋激烈的今天，青少年综合能力的培养越来越受到家长和社会的重视。为了能够从庞大的竞争人群中脱颖而出，在未来求职就业、走向社会的道路上能够领先一步，开创自己与众不同的发展道路，提高青少年自身基础素质，锻炼综合能力和社会适应能力刻不容缓。科学证明，许多影响人的一生行为或成就的基本素质，都形成于青少年时期，因此，青少年时期是实施素质教育、提高综合能力，促进其德智体全面发展的最佳时期和关键时期。提高青少年的综合能力正好符合了当前的素质教育。

什么是素质教育？

素质教育是指，依据人的发展和社会发展的实际需要，以全面提高全体学生的基本素质为根本目的，以尊重学生主体性和主动精神，注重开发人的智慧潜能，注重形成人的健全个性为根本特征的教育。素质教育的主要内容包括五个方面：思想道德素质、科学文化素质、身体素质、心理素质和生活技能素质。素质教育的培养目标是教会学生学会做人，学会求知，学会劳动，学会生活，学会健体，学会审美。从这几方面着手，青少年的综合能力自然而然就提高了。

沈诞琦，复旦附中高二理科班学生。2005 年 8 月，她从年级组里最优秀的十名学生中脱颖而出，被美国著名中学 TAFT 寄宿制高中选中，作为复旦附中参加国际交流的学生，去该校完成高中学业。美国的学校向来重视多元文化的建设，因此，吸引 TAFT 寄宿制高中的不仅是沈诞琦每门学科的优异成绩，还有她各方面的综合能力。在复旦附中，沈诞琦曾多次组织大型论坛、演讲赛，并获得好评；而作为上海市青少年环保协会的副理事长，她还利用课余时间参与了多项课题研究。沈诞琦为什么如此幸运呢？下面我们一起看看究竟。

1. 大量阅读拓展思维

如果说在沈诞琦的成长过程中，学习习惯的养成，教会她作为学生应有的责任感，那么阅读习惯的养成，则帮助她打开了一扇通往知识海洋的大门。

沈诞琦在念小学二年级时，有一次晚饭后，她硬是缠着妈妈给她讲故事，可妈妈又不是“故事大王”，哪来那么多故事啊？情急之下，妈妈记起先前看过的那份《新民晚报》上“蔷薇花下”有一则故事很有意思，于是便绘声绘色地给女儿讲了起来。

“这个阿姨的行为很不好。”沈诞琦听完之后，歪着小脑袋沉思起来，“妈妈，这故事是真的还是假的啊？”“这都是发生在我们生活中的一些不和谐的现象。”妈妈拿起报纸，指着“蔷薇花下”的这篇文章对女儿说：“虽然妈妈没有亲眼看到，但是妈妈可以通过阅读报纸来了解啊。你现在是小学生了，与其听妈妈讲故事，还不如自己看故事。”

“可是报纸上面有好多字我都不认识，怎么办？”

“你可以查字典。”

打那以后，沈诞琦每天晚饭后必做的一件事就是展开报纸，仔细地阅读“蔷薇花下”的文章。遇到不认识的字，她会搬出字典，耐心地查阅。

以后她贪婪地从书中汲取各种养料，不断丰富着自己的知识架构，她的思维和理解能力也在博览群书的过程中不断地得到提高和完善。

2. 兴趣中发展自己

那一年，沈诞琦 4 岁，妈妈替她在少年宫的图画班报了名。谁知，才去了两次，沈诞琦便嚷着说不想再去。见女儿态度那么坚决，妈妈差点儿就打了“退堂鼓”，可转念一想，既然名都报了，怎么也得让她画完一学期吧，总不能就这样半途而废。于是，她对女儿说：“好好画，妈妈准备为你开个家庭画展。”

果然，一个月之后，妈妈把女儿所有的画集中起来，镶在镜框里，像模像样地挂满了一屋子，还邀请亲戚和邻居来观摩“画展”。听到大人们称赞她画得好时，沈诞琦心里别提有多高兴，还一个劲儿摇着妈妈的手说：“我以后还要开画展，我一定会画得比现在更好。”类似的画展后来又在沈诞琦的家里陆续开过几次，每一次的进步都见证着她的成长。

妈妈说：“许多孩子对读书缺乏兴趣，其实是因为没有体会到成功的乐趣，这好比沈诞琦学画，家长需得多花些心思来激发孩子的兴趣，让他体验到成功的乐趣。”

每个青少年看了沈诞琦的故事，一定会羡慕她能力的全面，不仅学习好而且知识广博；不仅自理能力强，而且兴趣广泛；不仅心理成长健康而且道德素质也很高，这才是新世纪的人才。

其实，每个青少年都可以向沈诞琦一样，只要我们从小注意培养自己各方面的能力，一样可以很优秀。

投入到大自然，体会大自然的深奥

大自然是人类的生存环境，也是万物的生命之源。大自然是人类文明的蓝本，可是现在的人们只从书报、电视、广播上学习，不太珍视向大自然学习，其实，如能真正投入到大自然之中，你就会感到现实的凝重和大自然的深奥。到大自然中去，你会学到书本上没有的东西，你会领悟出你不曾体悟的感受，你会品味到大自然带给你的成功之感。

达尔文既是出类拔萃的人，又是普通的人。

1809 年 2 月 12 日，达尔文出生在英国塞文河畔的希鲁兹伯里小镇上。他的父亲罗伯特·达尔文是当地的名医。他的祖父伊拉兹马列斯·达尔文也是位名医，对于生物学的研究极有兴趣，并且还是个提倡生物进化观念的先驱者。

达尔文受他祖父的影响，从小爱好自然。他在很小的时候就想知道各种树木的名称，从 10 岁开始又搜集各种昆虫、贝壳、鸟蛋和矿石。他对学校里教条式的课程几乎不感兴趣，就和哥哥一起做化学实验，读课外书。有一本名为《世界奇观》的书，描述了古代七大奇观，深深地吸引了他，使他做梦都想到那遥远的地方去亲眼看一看古代的奇迹，以及现有的珍贵植物。

16 岁那年，达尔文和他哥哥一起进爱丁堡大学学习医学。但是，他对医学毫无兴趣，只读了两年就转学了，在两年里，他自己研究动植物学，和几个志同道合的青年经常去潮水退落的沙滩上拣取动物，有时候就一起进行解剖。在暑假里，达尔文和朋友们去旅行和打猎，使他进一步学会了观察和搜集动植物的本领。

达尔文父亲不理解自己的儿子，认为他不好好学医却终日游手好闲，不求上进，将来一事无成，会给家里丢脸，就让他进了剑桥大学基督学院，使他戴上了神学的枷锁。

可是，达尔文没有沿着神学的道路走到底。在剑桥大学期间，他巧遇"伯乐"——有名的植物学教授亨斯洛。亨斯洛精通植物学、昆虫学、化学、矿物学和地质学，长期不断地观察和研究自然。达尔文正是由于他的帮助和指导，才成为一个真正的自然科学家。

在剑桥大学的最后一年里，有两件事大大地影响了年轻的达尔文。一是他读了两部书：德国自然科学家洪堡著的《南美旅行记》，以及英国天文学家约翰·赫歇耳著的《自然哲学入门》。这两部著作激起了达尔文火一般的热情，他很希望自己能在自然科学的宏大建筑上添加一砖一瓦。

另一件事是，亨斯洛教授因势利导，鼓励达尔文努力钻研地质学。达尔文听从他的意见，读了好几本地质学著作，并且在短时期内考察了家乡附近的地质情况，绘制了一套彩色地图。

达尔文快毕业时，亨斯洛介绍他跟随剑桥大学地质学教授塞奇威克去北威尔士旅行，考察了那里的古岩层地质。在这次旅行考察中，达尔文学会了发掘和鉴定化石，学会了整理和分析科学调查的材料，并且总结出一条十分有益的经验：某些现象如不注意观察，即使有显著的特征也极容易被忽略掉。后来的事实证明，物种的起源和进化，就是一个显著而历来被人们所忽略的现象。

达尔文的成才走的是一条独特的道路。他虽然受过正规的大学教育，但是他"所学到的任何有价值的东西都是从自学中得来的"。这里所说的自学，首先的和主要的就是向大自然学习。

大自然是伟大的，它无所不包，向大自然学习你总会受益匪浅。你不仅可以学到书本上没有的知识，而且你还可以学习到大自然的胸怀、大自然的坚强，培养人的乐观精神。

下面我们可以通过一名学生的作文来体会一下大自然的胸怀：

星期二，我在家感到无聊。于是，我来到阳台去摆弄那几盆爸爸放在那里的花。这时，我看到在左边有一棵矮小的植物，弯曲的茎，就像是在打哈欠。纤细的茎上整齐地排列着左右两排叶子，是含羞草。大概是前几天买来的吧！于是，我便饶有兴趣地伸手去碰了一下那叶片，只见那叶子渐渐地缩了起来，垂下头，像做错了事一样。我倒起了兴致，一顿“狂打”，便看见那一排排细小的叶片，很快都“低头认输”，显得垂头丧气的。

但过了没多久，那些垂下的叶片又伸展开来了，很快便恢复如初。好奇的我又去碰了一下，含羞草的叶片又垂了下来。但是很快，它又再次抬起头来。

很快，我便从“娱乐”到了“观察”。在观察含羞草时，我不由渐渐地对它产生敬佩之情。我从它身上学到了很多，它不仅仅是一株植物：虽然它每次都会在我的触碰之下低下头，但是很快，便又能恢复，重新展开叶片。

它那种不屈不挠的精神使我为之赞叹。

即使遇到一时的困难低下头，但一旦困难过后一定会重新抬起头。这就好比我们的人生：虽然在人生漫长的旅途中总会遇到挫折，但是在片刻的难过、痛苦之后，我们应该鼓起勇气重新振作起来，就像我眼前的这株含羞草一样……

在大自然中，生物是相互学习、相互适应的。在大自然面前，我们同样是无知的。因此，我们应该要善于观察，善于发现，善于向大自然里的其他生物学习。

青少年是有活力的一代，为什么不趁着年轻去感受一下大自然，在大自然广阔的胸怀中茁壮成长。

克制自己，培养学习好习惯

人的一生都离不开学习，培养良好的学习习惯也就越来越重要。因为只有善于学习的人才能不断前进。流水不腐，户枢不蠹，这句话也可以用在人的智力增长上。青少年只有不断学习新东西，吸取新知识，才能跟得上时代的步伐，才能最终成就自己。

大家都知道伟大的富兰克林，但是谁都不会想到在他幼年的时候也不喜欢学习。他有时候拿起书来想看，但是只要外面有伙伴叫他去玩儿或者街道上发生了什么事情，他就会把书一扔，第一个飞快地跑出去看。

他家里虽然经济条件不是很好，但是父母还是为孩子买了好多有意思的书籍，并把这些书籍放在很显眼的地方。

有一天，小富兰克林跑了进来，对他母亲说："妈妈，你能告诉我埃及金字塔是怎么一回事儿吗？我一个伙伴在考我。"

他母亲就给他讲解起来："这个埃及金字塔其实就是埃及法老的坟墓，但是它的样子很是奇特……"

他母亲把关于金字塔的各种知识都仔仔细细地告诉了她的孩子。

小富兰克林听得很入神，心里想："哇，原来世界上还有这么有趣的东西啊。我怎么以前不知道呢？"

他对他母亲说："妈妈，你真是太厉害了，你怎么什么都知道啊？我希望以后变得像你这么聪明，有着这么多渊博的知识。"

"孩子，妈妈不是什么都知道，妈妈这些也都是从书上看来的。其实书上的知识很是丰富，而且很多都是很有意思的，只要你去看，你自己去发掘，就能变成和妈妈一样懂得这么多，甚至比妈妈懂得还要多。"

“是吗？妈妈。”小富兰克林更加不解了。

“当然是了，妈妈没有去过埃及，本来根本就不知道这个事情，是书籍给了我知识，孩子，刚才你说你希望成为像我这样的人，那么你就要从现在开始多多地看书，汲取里面的精华，把它变为自己的东西，这样你就一定会比妈妈厉害。”他母亲继续引导她的孩子。

“好的，妈妈，我知道了。以后我一定要好好地看书，把这些知识都学到我的脑子里去。”小富兰克林高兴地回答。

从此，小富兰克林就对书籍有了兴趣，经常拿来书籍翻阅，津津有味地学习里面的内容。

他母亲看到这些，心里很是安慰，但是小富兰克林还是有点缺乏自制力，有时会被别的事情分散注意力。

所以他母亲经常在他看书的时候对他说：“孩子，你现在看书，不要去管别的事情，你看完了才能和小伙伴们玩儿，好吗？”

“好的，妈妈。我喜欢看书。”小富兰克林大声地回应着。

然后他母亲就会把孩子的玩具放到别的屋子里去，同时把房间的窗户关好，尽量不让别的事情来影响孩子的学习。

就这样，慢慢地，小富兰克林就能够很好地控制自己了。他不会再因外界而受影响，所以才有了后来的辉煌。

青少年朋友，尽管你现在讨厌学习，但是只要克制自己，逐渐地，学习的习惯也就慢慢培养起来了。

爱迪生说得好：“知识仅次于美德，它可以使人真正地，实实在在地胜过他人。”

没有上述一切的知识的准备，你不会找到什么，也不可能碰到什么。

要想成功，就必须牢记：“知识就是力量。”

要想成就大事业，一定要记住：年轻时，究竟懂得多少并不重要，只有懂得学习，才会获得足够的知识。

许多人以为，学习只是青少年时代的事情，只有学校才是学习的场所，自己已经是成年人，并且早已走向社会了，因而再没有必要进行学习。

剑桥大学的一位专家指出:“这种看法乍一看，似乎很有道理，其实是不对的。在学校里自然要学习，难道走出校门就不必再学了吗？学校里学的那些东西，就已经够用了吗？

其实，学校里学的东西是十分有限的。工作中、生活中需要的相当多的知识和技能，课本上都没有，老师也没有教给我们，这些东西完全要靠我们在实践中边摸索边学习。

“可以说，如果我们不继续学习，我们就无法取得生活和工作需要的知识，无法使自己适应急速变化的时代，我们不仅不能搞好本职工作，反而有被时代淘汰的危险。”

有些人走出学校后，往往不再重视学习，似乎头脑里面装下的东西已经够多了，再学就会饱和。殊不知，学校里学到的只是一些基础知识，离实际需要还差得很远。

特别是在科学技术飞速发展的今天，我们只有以更大的热情学习，学习，再学习，才能使自己丰富和深刻起来，才能不断地提高自己的整体素质，才能更好地投身到工作和事业中。

检测你的学习能力

1. 喜欢记忆背诵诗句、文章。

A. 经常　　B. 偶尔　　C. 从不

2. 喜欢看报纸、杂志，而不管是不是看得懂。

A. 经常　　B. 偶尔　　C. 从不

3. 提出诸如“什么时间开始的”一类问题。

A. 经常　　B. 偶尔　　C. 从不

4. 喜欢自己观察某一种东西。

A. 经常　　B. 偶尔　　C. 从不

5. 对新鲜的事物表现出兴奋。

A. 经常　　B. 偶尔　　C. 从不

6. 可随音乐起舞或演唱。

A. 经常　　B. 偶尔　　C. 从不

7. 常问闪电是怎么回事，云是如何形成之类的问题。

A. 经常　　B. 偶尔　　C. 从不

8. 如果你在他非常熟悉的故事中更换一个词，他会立即改正过来。

A. 经常　　B. 偶尔　　C. 从不

9. 可轻而易举地学会骑自行车、溜冰等。

A. 经常　　B. 偶尔　　C. 从不

10. 很愿意扮各种角色，并喜欢编故事，自己做主角。

A. 经常　　B. 偶尔　　C. 从不

11. 走街过巷，能指出这里或那里他曾经到过。

A. 经常　　B. 偶尔　　C. 从不

12. 喜欢听各种乐器演奏，凭乐声便能判断出是哪种乐器。

A. 经常　　B. 偶尔　　C. 从不

13. 擅长绘制地图和描绘物体。

A. 经常　　B. 偶尔　　C. 从不

14. 善于模仿人的各种动作和表情。

A. 经常　　B. 偶尔　　C. 从不

15. 乐于按照大小和颜色对玩具进行分类。

A. 经常　　B. 偶尔　　C. 从不

16. 会进行推测，比方会说：“小蝌蚪一动不动，肯定是饿坏了。”

A. 经常　　B. 偶尔　　C. 从不

17. 听故事的时候乐于设想下面的情节。

A. 经常　　B. 偶尔　　C. 从不

18. 可对不同声响进行评论。

A. 经常　　B. 偶尔　　C. 从不

19. 当初次见到某人时，往往会说：“他使我联想起某某。”

A. 经常　　B. 偶尔　　C. 从不

20. 能准确判断自己能干些什么或不能干些什么。

A. 经常　　B. 偶尔　　C. 从不

计分：A=3 分，B=2 分，C=1 分

结果分析:

25 分以下：学习能力有待提高。

26 ~ 44 分：具备一定的学习能力。

45 分以上：具有很强的学习能力。

第五章

引导你的思考能力

敢于提出问题

美籍华人李政道教授一次在同中国科技大学少年班学生座谈时指出：“为什么理论物理领域作出贡献的大都是年轻人呢？就是因为他们敢于怀疑，敢问。”他还强调说：“一定要从小就培养学生的好奇心，要敢于提出问题。”

爱因斯坦说：“提出一个问题比解决一个问题更重要。”能否提出独特的问题对一个人的创造能力是非常重要的。一个人善于动脑和思考，就会不断发现问题。对一个青少年而言，学会提问更是学习积极主动的表现，有疑而问，由问而思，有利于培养创新精神和创造能力；相反，如果提不出问题，说明你的学习过程还不够深入，对自身能力的培养还不到位。

古人云：“学贵有疑。”“学则须疑。”提问是获取知识的重要途径，去积极思维、积极主动地提问。学会提问，须经历一个从敢问到善问的过程。多参与社会实践活动，丰富自己的知识，与他人多交流、相处，提高自己的胆量，敢于在众人面前表现自己。

养成善于自我提问的习惯，能提出有价值的问题，是心到的结果，是解决问题的前提。从某种意义上说，学习的过程是一个不断提出问题、不断解决问题的过程。养成“非思不问”的习惯，善于提问是建立在多思的基础上，这样的问题才会是高质量的。而在你多提问的过程中，你也就多了几分把握，多了几成成功。

自古盖房子出售，都是先盖好房，再出售，对此，霍英东反复问自己：“先出售，后建筑”不行吗？

正是由于霍英东这一顿悟，使他摆脱了束缚，迈上了由一介平民变为亿万富豪的传奇般的创业之路。

霍英东是中国香港立信建筑置业公司的创办人。在香港居民的眼中，他是个“奇特的发迹者”。“白手起家,短期发迹”,“无端发达”,“轻而易举”,“一举成功”，等等，这些议论将霍英东的发迹蒙上了一层神秘的色彩。霍英东的发迹真的神秘吗？不，他主要是运用了“先出售、后建筑”的高招。

霍英东还有另一个可贵的品质，那就是不错过任何一个机会来发展自己的事业。朝鲜停战以后,霍英东慧眼独具,他看出了香港人多地少的特点,认准了房地产业大有可为，于是毅然倾其多年的积蓄，投资到房地产市场。1954 年，他着手成立了立信建筑置业公司。他每日忙于拆旧楼、建新楼，又买又卖，大展宏图，用他自己的话说，他“从此翻开了人生崭新的、决定性的一页！”

如果说霍英东早年经营航运业是他创业初期练兵的话，那么他过人的经营理念则在经营房地产业的过程中得到了充分的体现。在他以前的房地产业，都是先花一笔钱购地建房，建成一座楼宇后再逐层出售，或按房收租。而后来则“变了个戏法”，即预先把将要建筑的楼宇分层出售，再用收上来的资金建筑楼宇，来了一个先售后建。这一先一后的颠倒，使他得以用少量资金办了大事情。原来只能兴建一幢楼房的资金，他可以用来建筑几幢新楼，甚至更多；同时，他又能有较雄厚的资金购置好地皮，采购先进的建筑机械，从而提高建房质量和速度，降低建造成本；更具竞争力的是他的楼宇位置比同行的更优越而价格却比同行的更低廉。而且，有时他还采用分期付款的预售方式，使人人都能买得起。霍英东的戏法真是高招，他开创了大楼预售的先河。为了推广先出售后建筑的“戏法”，霍英东率先采用了小册子及广告等形式广为宣传。他说:“我们开展各种宣传，以便更多的有余钱的人来买。譬如来港定居或投资的华侨、侨眷，劳累了半生略有积蓄的职员、赌博暴发户，做其他小生意胀满荷包的商贩，都可以来投资房地产。谁不想自己有房住？只有众多的人关心它、了解它、参与它，我们的事业才有希望。”霍英东的广告效果颇为不错。立信建筑置业公司在短短的几年里所营建、出售的高楼大厦就布满了香港、九龙地区，打破了香港房地产买卖的纪录。这个既不是建筑工程师出身，又非房地产经营老手的水上“穷光蛋”，用不长的时间便成了赫赫有名的楼宇住宅建筑大王、资产逾亿万的大富豪。现在，霍英东名下的公司有60余家，大部分都经营房地产生意，或与房地产关系密切。由他担任会长的香港地产建筑商会，经营着香港70%的建筑生意。

霍英东向自己提问，成就了成功创富的大业，值得青少年学习和借鉴。

青少年要想成就大事，首先得学习思考，思考你自己，向自己提问题，只有这样才能在问题中把握方向，你成功的路才会越走越轻松！

不依赖经验

世上最可悲的人，是处处都依赖别人的人。成功人士都知道，做每一件事都要学会有主见，有自己独立的人格，靠天靠地不如靠自己。如果不打开自己的心，走出思维定式，就不会成为一个明白的人。所以，只有推翻权威，不依赖经验，成功的机会才会更多。

有人群的地方总会有权威，人们对权威普遍怀有尊崇之情，这本来无可厚非，然而对权威的尊崇到了善恶不加分辨的程度，就会成为一种思维的枷锁——权威枷锁。

打破权威枷锁，先要了解它是如何戴上的。

人们从很小的时候就已亲身体验到：服从权威能够从中得到好处，抗拒权威就要吃苦头，就像下面这个例子。

一位老师上课时告诉学生们，硫酸是有腐蚀性的，它能够除掉铁锈，恢复铁器光亮的表面。但是，如果不小心把硫酸滴到衣服上，就会烧出一个洞。

一个小朋友听了老师的话，用硫酸擦了一只生锈的铁锅，果然擦得锃亮，得到妈妈的夸奖，于是他说："老师真是了不起，听他的话，我尝到了甜头！"另一位小朋友也听了老师的话，故意把硫酸滴到自己的衣服上，结果衣服上烧了一个洞，挨了老爸一顿训斥。于是她想："老师真是了不起，不听他的话，我吃了苦头！"

于是，一个权威枷锁就这样戴上了。

第二个权威枷锁是由于自身对某方面知识的缺陷所形成的。一个人一生中通常只能在一个或少数几个专业领域内拥有精深的知识，在专业领域之外，为了弥补自己的无知，以应不时之需，只好求助于各领域的专家。在大多数情况下，人们按照专家的意见办事，总能得到预想的成功，如果不慎违反了专家的意见，总会招致或大或小的失败。久而久之，第二个权威枷锁也戴上了。

从成功思维的角度来看，权威定式是要不得的，不敢突破权威的束缚，也就丧失了创新思考的能力。敢于推翻权威，本身就是一种胆识、一种创新。

亚里士多德认为自由下落的物体重量越大，下落速度越快，重量越轻则下落速度越慢，伽利略对这位权威的理论提出质疑，他设计了一个巧妙的实验，便把流传一千多年的权威理论推翻了。

尊重权威这很正常，假如一味地跟随权威，就不正常了。所有的事都由权威决定了，自己的脑袋还能干什么？如果你一味地迷信权威，奉劝你把它从你的思想中拉出去，一棍子打死，省得它占据你的思想。曾经，一艘远洋海轮不幸触礁，沉没在汪洋大海里，幸存下来的8位船员拼死登上一座孤岛，才得以幸存下来。但接下来的情形更加糟糕，岛上除了石头还是石头，没有任何可以用来充饥的东西。更为要命的是，在烈日的暴晒下，每个人都口渴得冒烟，水成为最珍贵的东西。尽管四周是水——海水，可谁都知道，海水又苦又涩又咸，根本不能用来解渴。当时8个人唯一的生存希望是下雨或别的过往船只发现他们。几天过去了，没有任何下雨的迹象，他们的周围除了海水还是一望无边的海水，没有任何船只经过这个岛。渐渐地，7个船员支撑不下去了，他们纷纷渴死在孤岛。当最后一位船员快要渴死的时候，他实在忍受不住了，扑进海水里，咕嘟咕嘟地喝了一肚子。船员喝完海水，一点儿觉不出海水的苦涩味，相反觉得这海水又甘甜、又解渴。他想：也许这是自己临死前的幻觉吧，便静静地躺在岛上，等待着死神的降临。他睡了一觉，醒来后发现自己还活着。船员非常奇怪，于是他每天靠喝这岛边的海水度日，终于等来了救援的船只。当人们化验这水时发现，由于有地下泉水的不断翻涌，实际上，这里的海水是可口的泉水。

习以为常、耳熟能详、理所当然的事物充斥着我们的生活，使我们逐渐失去了对事物的热情和新鲜感。经验成了我们判断事物的唯一标准，存在的当然变成合理的。随着知识的积累、经验的丰富，我们变得越来越循规蹈矩，越来越老成持重，于是创造力丧失了！于是想象力萎缩了！思维定式已经成为人类超越自我的一大障碍。

所以，推翻权威理论，走出思维定式，换一个角度来思考，往往会柳暗花明，给我们带来惊喜。

由此可见，权威理论也只是在一定时期一定场合才适合，它不是万能的，只有敢于打破常规，才能发现新的契机，而这个契机正好可以成就你。

所以，青少年遇事要多问几个“为什么”，多提几个“怎么办”，从事实出发，从需要出发，去思考问题，探索问题，寻找新的方法、新的答案、新的结论。

没有做不到，只有想不到

人生好比一张白纸，你可以在白纸上用不同的色彩描画你未来的蓝图。但是，如果你漫无目的地画，你手中的画笔就会被人夺走，替你画画。

一个人如果总感觉自己不如别人，尽管他实际上可能是有能力的，但他的表现也确实不如别人，因为思想主宰行动。一个人心里是怎么想的，他的行为就会反映出来，没有任何伪装能够把这种感觉长期遮盖起来。

也就是说，一个人如果觉得自己没有独立做事的能力，不可能超越其他的人，那么他就真的不会独立，只能跟在别人的身后。

有位女孩不但琴棋书画无所不通，口才与文采也是非常好。大学毕业后，在学校的极力推荐下，才女去了一家小有名气的杂志社工作。谁知就是这样的一个让学校都引以为自豪的人物，在杂志社工作不到半年就被炒了鱿鱼。

原来，在这个人才济济的杂志社内，每周都要召开一次例会，讨论下一期杂志的选题与内容。每次开会很多人都争先恐后地表达自己的观点和想法，只有才女总是悄无声息地坐在那里一言不发。她原本有很多好的想法和创意，但是她有些顾虑，一是怕自己刚刚到这里便“妄开言论”，被人认为是张扬，是锋芒毕露；二是怕自己的思路不合主编的口味，被人看作幼稚。就这样，在沉默中她度过了一次又一次激烈的讨论会。有一天，她突然发现，这里人们都在力陈自己的观点，似乎已经把她遗忘在那里了。于是她开始考虑要扭转这种局面。但这一切为时已晚，再没有人愿意听她的声音了，在所有人的心中，她已经根深蒂固地成了一个没有实力的花瓶人物。最后，她终于因自己的过分沉默而失去了这份工作。

再重复一遍这个逻辑：你如何思维决定你如何行动；你如何行动将决定你获得的东西。

这个逻辑正是我们不厌其烦地强调思维与勇气的重要性的原因，“没有做不到的，只有想不到的”，敢想、会想，你才有可能成功。

如果在此之前胆怯心理阻碍了你超越他人，那么现在只需改变一下自身的思考方法，大胆地从幕后走出，做你想做的事。

我们每个人都有愿望，我们都想有朝一日成为什么样的人物，但事实上，大多数人都因为没有勇气而违背了它，他们常用下面的借口扼杀自己的愿望：

（1）“我做不到”，“我缺乏头脑”，“这是不可能的”，这种种消极的自我降低是导致他们永远站在别人身后的罪魁祸首。

（2）“我对现在的状况很满足”，这些安于现状的想法扼杀了他们真正的愿望。

（3）“能干的人太多，根本不会有我的份”，害怕竞争令他们不敢多想。

（4）“这不是我真正想要的，而是父母让我做这个，我不得不做”，“有了家，没法再变动了”。这一类的托词让他们相信自己不该再有梦想。

让自己仅仅是跟在别人身后的理由真是太多了，但是如果没有敢于突破的勇气，不做自己想做的事，只会成为平庸者。而敢想就会有欲望，欲望一旦利用就是力量。

保罗·盖蒂在取得成功前有过3次失误。第一次是在保罗·盖蒂年轻的时候，他买下了一块他认为相当不错的地皮，根据他的经验和判断，这块地皮下面会有相当丰富的石油。他请来一位地质学家，对这块地进行考察。专家考察后却说：“这块地不会产出一滴石油，还是卖掉为好。”盖蒂听信了地质专家的话，将地卖掉了。然而没过多久，那块地上却开出了高产量的油井，原来盖蒂卖掉的是一块石油高产区。

保罗·盖蒂的第二次失误是在1931年。由于受到大萧条的影响，经济很不景气，股市狂跌。盖蒂认为美国的经济基础是好的，随着经济的恢复，股票价格一定会大幅上升。他于是买下了墨西哥石油公司价值数百万美元的股票。随后的几天，股市继续下跌，盖蒂认为股市已跌至极限，用不了多久便会出现反弹。然而他的同事们却竭力劝说盖蒂将手里的股票抛出，这些被大萧条弄怕了的人们的好心劝说，终于使盖蒂动摇了，最终将股票全数抛出。可是后来的事实证明，盖蒂先前的判断是正确的。

保罗·盖蒂最大的一次失误是在1932年。他认识到中东原油具有巨大的潜力，于是派出代表前往伊拉克首都巴格达进行谈判，以取得在伊拉克的石油开采权。和伊拉克政府谈判的结果是，他们获取了一块很有前景的地皮的开采权，价格只有几十万美元。然而正在此时，世界市场上的原油价格产生了波动，人们对石油业的前景产生了怀疑，普遍的观点是，这个时候在中东投资是不明智的。盖蒂再一次推翻了自己的判断，令手下终止在伊拉克的谈判。

1949 年盖蒂再次进军中东时，情况和以先已经大不相同，他花了 1000 多万美元才取得了一块地皮的开采权。

保罗·盖蒂的 3 次失误，使他白白损失了一笔又一笔的财富。他总结自己这些年的失败说："一个杰出的商人应该坚信自己的判断，不要迷信权威，也不要见风使舵。在大事上要有自己的主见，以正确的思维方法战胜一切！"在以后的岁月中，保罗·盖蒂坚持己见，屡战屡胜，最终成为全美的首富。

如果你总躲在别人的背后，那么你只能一辈子碌碌无为。

你的朋友虽不是有意如此，却经常会透过"意见"或有时候是故作幽默状的嘲弄阻碍了你走向成功。有成千上万的人一生无所作为，就是因为有一些善意但无知的人，通过"意见"或嘲弄，毁了他们的信心。杰出人士的突出特点就是独立思考。

青少年朋友大可不必把自己的命运交给别人来决定，青少年要学会独立思考，要想成功必须把思考的权利掌握在自己手里。和自己的父母商量自己的终身大事固然有必要，但是过分依赖他们，就会失去自己。

天上下雨地下滑，自己跌倒自己爬。不论是思考做事还是为人处世，需要的是自助自立的精神，而不是来自他人的影响力，也不能依赖他人。爱默生说，坐在舒适软垫上的人容易睡去。依靠他人，觉得总会有人为我们做任何事，所以不必努力，这种想法就像高纯度海洛因，会使你在不知不觉中上瘾，最后自我毁灭。所以我们要努力掌握自己的思维，做自己真正的主宰。

"要想成为真正的'人'，必须先是个不盲从因袭的人。你心灵的完整性是不可侵犯的……当我放弃自己的立场，而想用别人的观点去思考的时候，错误便造成了……"这是爱默生所讲的名言。这对强调由别人的观点来思考的人来说，无疑是一大震撼。也许，我们可以把爱默生的话作如下解释："要尽可能由他人的观点来看事情——但不可因此而失去自己的观点。”假如独立思考能带给你什么好处的话，那便是发现自己的信念及实现这些信念的勇气。

正确思考的方法

盖茨博士是美国的大教育家、哲学家、心理学家、科学家和发明家，他一生中在各种艺术和科学上做了许多发明，有许多发现。盖茨博士的个人生活体现了他锻炼脑力和体力的方法可以培养健康的身体，并促进心智的灵活。

拿破仑·希尔曾带着介绍信前往盖茨博士的实验室去见他。当希尔到达时，盖茨博士的秘书告诉他说：“很抱歉……这时候我不能打扰盖茨博士。”

“要过多久才能见到他呢？”希尔问。

“我不知道，恐怕要3小时。”她回答。

“请你告诉我为什么不能打扰他好吗？”

她迟疑了一下然后说：“他正在静坐冥想。”

希尔忍不住笑了：“那是什么意思啊——静坐冥想？”

她笑了一下说：“最好还是请盖茨博士自己来解释吧。我真的不知道要多久，如果你愿意等，我们很欢迎；如果你想以后再来，我可以留意，看看能不能帮你约一个时间。”

希尔决定要等，这个决定真值得。下面是希尔所说的经过情形：

“当盖茨博士终于走进房间里时，他的秘书给我们介绍，我开玩笑地把他秘书所说的话告诉他，在他看过介绍信以后高兴地说：‘你想不想看看我静坐冥想的地方，并且了解我怎么做吗？’于是他领我到了一个隔音的房间上，这个房间里唯一的家具是一张简朴的桌子和一把椅子，桌子上放着几本白纸簿、几支铅笔以及一个可以开关电灯的按钮。

“在我们谈话中，盖茨博士说他遇到困难而百思不解时，就走到这个房间来，关上房门坐下，熄灭灯光，让全副心思进入深沉的集中状态。他就这样运用‘集中注意力’的方法，要求自己的潜意识给他一个解答，不论什么都可以。有时候，灵感似乎迟迟不来；有时候似乎一下子就涌进他的脑海；更有些时候，至少得花上两小时那么长的时间才出现。等到念头开始澄明清晰起来，他立即开灯把它记下。”

盖茨博士曾经把别的发明家努力过却没有成功的发明重新研究，使它尽善尽美，因而获得了200多种专利权。他就是能够加上那些欠缺的部分——另外的一点东西。

盖茨博士特别安排时间来集中心神思索寻找另外一点。他很清楚自己要什么，并立即采取行动，因而他获得了成功。

由此看来，正确的思考方法具有巨大的威力。那么正确的思考步骤如何走呢？

1. 明白你想要做什么

翻开你的思考成功笔记，将你喜欢或你做得很好的事情列成一个清单。把什么事情都记下来——蠢事、新鲜事和你感兴趣的事。检视一下你的清单，并想想你要如何成功。让思想飞舞，写下你所有的想法，甚至看来好像疯狂或不切合实际的想法。酝酿了好多天的想法常常由于没有记下来而无法实现。

2. 别束缚你的思考

你心中有什么想法？这些或许是不可能的、愚蠢的或好笑的，但把它们记下来，过段时间再拿出来看，你说不定会找到个“金矿”。

3. 对新奇事物保持接受的胸襟，然后进一步探究

这项新产品或意见会引发什么新想法？它的用途及前景如何？而我们可能要创造什么样的前景？

4. 走进别人的创造天地，真心协助他人

找出他们特殊、非比寻常的能力，并助其开花结果。你可以替他们规划产品和开发市场。

5. 抓住机会

例如，E-mail 的前景很看好，有什么新点子是你所能想到的，能够让计算机与市场有所结合？国外有家快餐店就想了一个好主意：他们让上班族将午餐订单发 E-mail 到店里点餐。餐厅则利用 E-mail，将午餐菜单与特别餐菜单 E-mail 到当地企业的办公室里。现在这些功能也即将对家庭这个市场开放，你最好赶紧在 E-mail 世界击败你之前，找出能在家中运用 E-mail 的方法，并快速占领这个用途的市场。

6. 把别人的需求找出来

将这些可以满足他人需求的事情写下来！就你所熟悉的事物为主题来写部书，或是从你“喜欢做的事”的清单上挑选个主题。其他人或许可以从你的知识里获得好处，去满足一个需求——将你专业领域里的那道信息鸿沟填满。

7. 助人者自助

在市场销售方面，依照这个原则，成就了很多国际知名的大型企业，同时有很多人借助其企业而赚钱。《华尔街日报》指出，到了 2000 年以后，大多数商品是由市场网络卖出的。

8. 多点服务

许多旧式的服务已经消逝了，这个领域空了下来，而它正等待一个聪明的经营者来占领。不要只是想着提供新式的服务项目，而要将旧的、有必要的再找回来。你想要有什么样的服务项目？着手去做吧！

9. 付出大于所得，这是成功最大的秘诀

假如你是那种扬言收一分钱，便只做一分事的人，那你一辈子都是薪水的奴隶。

10. 马上行动

不要用一些“我没有足够的钱”，“我了解得不够”，“还没做好准备”等借口来拖延。一旦想法出现，就顺着去做，只有这样才能收获报酬。

检测你的思考能力

有这样一个故事：在太平洋中有 A、B 两个相邻的小岛。A 岛居民都是诚实的人，B 岛居民都是骗子，当你问一个问题时，A 岛的居民会告诉你正确答案，而 B 岛居民给你的答案都是错误的。一天，一个旅游者独自登上了其中一个岛，他分辨不清这是 A 岛还是 B 岛，只知道这个岛上既有本岛居民又有另一岛上的来客。他想问岛上的人“这是 A 岛还是 B 岛”，却又无法判断被问者的答案是否正确，旅游者动脑筋想了一会儿，终于想出了一个办法，他只需问他所遇到的任意一人一个问题，就能从对方的回答中准确无误地断定这里是哪个岛，你能猜出旅游者所问的问题吗？

答案:

随便问一人:“你是这个岛的居民吗？”若答是,则此岛为 A 岛;若答否,则此岛为 B 岛。

第六章

勤于实践，敢于行动

铲除心理障碍

先行动起来，在行动中去纠正、去调整，才是铲除心理障碍敢想敢干的最好办法。行动的障碍归根到底还是心理顾虑。

黑格尔曾经一针见血地指出：世间最可怜的，就是那些遇事举棋不定、犹豫不决、彷徨歧路、莫知所趋的人；就是那些没有自己的主张、不能抉择，唯人言是听的人。这种主意不定，自信不坚的人，缺乏的就是敢想敢干的胆略。

在我们决定某一件事情以前，将那件事情的各方面都考虑到并且郑重考虑各个细节是正确的，在拍板之前，运用自己的全部经验与理智做指导确实是没错的，但是最终你必须作出决断，不应再有反复，不应重新考虑，否则会一事无成。

如果你害怕在人多的场合讲话，一定要找机会去说，大声说。这时候最简单也是最好的办法，就是不让自己多想，现在做，立刻就做，打断自己原有的那种思维逻辑和习惯，走出第一步，勇气就产生了。

国外一个著名的高空走钢索表演者瓦伦达在一次重大的表演中，不幸失足身亡。他的妻子事后说，我知道这一次一定要出事，因为他上场前总是不停地说，这次太重要了，不能失败，绝不能失败；而以前每次成功的表演，他只想着走钢索这件事本身，而不去管这件事可能带来的一切后果。后来，人们就把专心致志于做事本身而不去管这件事的意义、不患得患失的心态，叫作“瓦伦达心态”。

凡事先行动起来就容易达到“瓦伦达心态”。因为，一旦迅速进入行动状态后，就来不及多想也想不到什么顾虑。逼上梁山，背水一战，绝无退路，这样反而容易成功。

在一家公司里，董事长总是对新来的员工强调一件事："谁也不要走进5楼那个没挂门牌的房间。"他没有解释原因，也没有员工问为什么，他们只是牢牢地记住了这个规定。

又有一批新员工来到公司，总经理又重复了上面的规定。这次有个年轻人小声嘀咕了一句："为什么？"

"不为什么。"总经理满脸严肃地说，依旧没有任何解释。

回到岗位上，年轻人在思考着总经理的这个令人费解的规定，其他人劝他别瞎操心，遵守这个规定，干好自己的工作就行了，但年轻人却执意要进入那个房间看个究竟。

他轻轻地敲了一下门，没有反应，再轻轻一推，虚掩的门开了，只见屋里有一个纸牌，上面写着——把这个纸牌送给总经理。

闻知年轻人擅闯"禁区"的同事劝他赶紧把纸牌放回房间，他们会替他保密的，但年轻人拒绝了。他拿着纸牌走进了总经理的办公室。

当他把那个纸牌交到总经理手中时，总经理宣布了一项惊人的决定——"从现在起，你被任命为销售部经理。"

"就因为我拿来了这个纸牌吗？"年轻人不可思议地问。

"对，等这一刻我已经等了快一年了，相信你能胜任这份工作。"总经理自信地说。

果然，销售部在年轻人的带领下，业绩越来越好。

格罗根指出："无论做什么事情，开始时，最为重要的是不要让那些爱唱反调的人破坏了你的理想。"

美国斯坦福大学的一项研究也表明，人大脑里的某一图像会像实际情况那样刺激人的神经系统。比如，当一个网球手击球时一再告诉自己"不要把球打出栏外"时，他的大脑里往往就会出现"球出栏外"的情景，而结果往往是球真的跑出栏外。这项研究从另一个方面证实了"瓦伦达心态"。

"先投入战斗，然后再见分晓。"拿破仑如是说。只有行动起来，才能挣脱现实的枷锁。

伟大作品《神曲》给人印象最深的，就是那一句千古名言。

但丁在其导师——古罗马诗人维吉尔的引导下，游历了惨烈的九层地狱后来到炼狱，一个魂灵呼喊但丁，但丁便转过身去观望。这时导师维吉尔这样告诉他："为什么你的精神分散？为什么你的脚步放慢？人家的窃窃私语与你何干？走你的路，让人们去说吧！要像一座耸立的塔，绝不因暴风雨而倾斜。"

青少年朋友，走你的路让人们去说吧！

时刻准备着

准备之于成功，如同基石之于大厦，毫末之于树木，跬步之于千里，石土之于泰山。因此，准备是成功的基础，只有准备充分了，成功才会降临。当我们一点点地积累，一粒粒地积聚，一步步地走，一寸寸地生长，我们就有了量变到质变的飞跃。人生是一个庞大的生命旅程，如果你能提前一一做好准备，那么你的每一段路走起来就会坚定自如、泰然自若了。著名节目主持人朱军在出版《时刻准备着》时，他说："我觉得这么多年来，我的状态始终是'时刻准备着'，而机遇都是在积极准备中光顾的。"

美国著名电台主持人莎莉·拉菲尔在自己的职业生涯中遭遇了18次辞退，她的主持风格曾被人贬得一文不值。

最早的时候，她想到美国大陆无线电台工作，但是，电台负责人认为她是个女性，不能吸引听众，想都没想地拒绝了她。

她来到波多黎各，希望自己有个好运气。她不懂西班牙语，为了熟练掌握语言，她花了3年时间。但是在波多黎各的日子里，她最重要的一次采访，仅仅是一家通讯社委托她到多米尼亚共和国去采访暴乱，连差旅费都是自己付的。

在以后的几年，莎莉·拉菲尔不停地工作，不停地被辞退，有些电台甚至指责她根本不懂得什么是主持。

1981年，莎莉·拉菲尔来到了纽约的一家电台，但是很快被告知：她跟不上这个时代，为此，她失业了一年多。

有一次，她向一位国家广播公司的职员推销她的清谈节目策划，得到了对方的肯定。但是，那个人后来离开了广播公司，她不得不向另外一位职员推销她的策划，这位职员却不感兴趣。别人虽然同意雇用她，但不同意搞清谈节目，而是让她做一个政治节目主持人。

莎莉·拉菲尔对政治一窍不通，但是她不想失去这份工作，于是开始“恶补”政治……1982年夏天，她的以政治为内容的节目开播了，她有着娴熟的主持技巧和平易近人的风格，她甚至让观众打进电话讨论国家的政治活动，包括总统大选。这在美国电台史上是史无前例的。

莎莉·拉菲尔几乎一夜成名，她的节目成为全美国最受欢迎的政治节目。她现在是美国一家自办电台节目主持人，曾经两度获得全美主持人大奖。每天有800万观众收看她主持的节目。在美国传媒界，她就是一座金矿，无论到哪家电视台、电台，她都会带去巨额的利润。莎莉·拉菲尔说：“我平均每1.5年就被人辞退一次，有些时候，我认为这辈子完了。但我相信，上帝只掌握了我的一半，我越努力，我手中掌握的一半就越庞大，终于有一天，我赢了上帝。”

当你有所准备的时候，面对挑战，你才能保持绝对的冷静。做好了准备，一切危险、困难、挫折，也就会被你摆平。有了准备，我们就不再彷徨。“书到用时方恨少”，平常若不充实学问，临时抱佛脚是来不及的。也有人抱怨没有机会，然而当升迁机会来临时，再叹惜自己平时没有积蓄足够的学识与能力，以致不能胜任，也只好后悔莫及。

人生之路漫长而又充满了未知，青少年朋友应该“时刻准备着”。为了美好的将来，储备对付一切难题的能量，准备一副冷静平和挑战困难的心态。就像莫里尼奥所说的：“当准备的习惯成为你身体的部分，它就会永远在那里，并帮助你取得令人惊讶的胜利。”

俗话说：有备无患。青少年朋友做事应该未雨绸缪、居安思危。

如何在经验与创新中发展自己

大家认为是正确的，其实并不一定都是正确的。敢于思考的人不会按照大家的经验来发表意见，应该有自己独特的见解。不论在哪种社会、哪个时代，最早提出新观念、发现新事物的人总是极少数，绝大多数人是不赞成甚至激烈反对的。因此，要想成功，就必须冲破经验的怪圈。

新观念的倡导者和新事物的发现者们，几乎都不同程度的有一种孤独寂寞、不被人理解的感觉，著名者如尼采、鲁迅，不著名者如我们身边那些成功的“异类”分子。

敢于创新的人们是不害怕这种思维和观念上的“孤立”并以此为荣。敢于被“孤立”、不从众是一种众人皆醉我独醒的品质，作为独身的醒者如何既坚持主见又保护自己的主见不被扼杀，真的是一个很困难的问题，没有胆略的莽汉是无法解决的。如果你不和周围的人保持某种程度上的一致，那么，你会受到排挤，你的新思想就无法推行；如果你与周围的人群过于一致，那么，你自己的新思想也就被忽略、被扼杀了。

如何在经验与创新中发展自己呢?

古希腊有一个“戈迪阿斯之结”的故事：

凡是来到弗里吉亚城的朱庇特神庙的外地人，都会被引导去看戈迪阿斯王的牛车。人们都交口称赞戈迪阿斯王把牛轭系在车辕上的技巧。

“只有很了不起的人才能打出这样的结。”其中有人这样说。

“你说得很对，但是能解开这结的人更了不起。”庙里的神使说。

“为什么呢？”

“因为戈迪阿斯不过是弗里吉亚这样一个小国的国王，但是能解开这个结的人，将把全世界变成自己的国家。”神使回答。

此后，每年都有很多人来看戈迪阿斯打的结。各个国家的王子和政客都想打开这个结，可总是连绳头都找不到，他们根本就不知从何着手。

戈迪阿斯王已经死去几百年之久，人们只记得他是打那个奇妙的结的人，只记得他的车还停在朱庇特的神庙里，牛轭还是系在车辕的一头。

有一位年轻的国王亚历山大，从遥远的马其顿来到弗里吉亚。他征服了整个希腊，他曾率领不多的精兵渡海到过亚洲，并且打败了波斯国王。

“那个奇妙的戈迪阿斯结在什么地方？”他问。

于是有人领他到朱庇特神庙，那牛车、牛轭和车辕都还原封不动地保留着原样。

亚历山大仔细察看这个结。他对身边的人说：“过去许多人打不开这个结，都是陷入了一个窠臼，都认为只有找到绳头才能将结打开，我不相信我不能打开这个结。我也找不到绳头，可是那有什么关系？”说着，他举起剑来砍，把绳子砍成了许多节，牛轭就落到地上了。

亚历山大说：“这样砍断戈迪阿斯打的所有的结，有什么不对？”

接着，他率领他那人马不多的军队踏上了征战亚洲之路。

没有人能够因跟随经验而获得成功。哪怕他是跟随一个伟大的成功者。做事的资本不能从抄袭、模仿中得来。亚历山大之所以成功地做了亚洲王，就是因为他坚持自己的实践。

囿于经验不敢创新的人我们称之为“先例的奴隶”或者“先例的崇拜者”，因为他们把困难当作不可能，总是在说“这不会做，那不可能”，殊不知，世界上哪一件新事物不应归功于古往今来的先例破坏者呢？现代人生活中的种种安适、便利、奢华、幸福，又有哪一件不曾经是这些先例的破坏者们脑海中的产物？

爱默生有一句至理名言：“要想成为真正的‘人’必须先是个不盲从抄袭的人。你心灵的完整性是不可侵犯的……当我放弃自己的立场，而想用别人的观点去思考的时候，错误便造成了……”

这对强调由别人的观点来思考的人来说，无疑是一大挑战。

也许，我们可以把爱默生的话做如下阐述：“要尽可能由他人的观点来看事情——但不可因此而失去自己的亲身体验。”

心动不如行动

每个人都有自己美好的理想，有的人为了实现它，孜孜以求，不懈地努力着、奋斗着，而有的人则仅仅停留于口头上，或常常沉浸在一些不切实际的幻想中，不能付诸切实的行动。当遇到后一种情况的时候，人们常常会劝勉他说：“临渊羡鱼，不如退而结网！”这句话本意是说，你站在河塘边，与其急切地期盼着、幻想着鱼儿到手，还不如回去下工夫结好渔网，这样就不愁得不到鱼，“临渊羡鱼，不如退而结网”这句话，见于《汉书·董仲舒传》，书中说：“故汉得天下以来，常欲治而至今不可善治者，失之于当更化而不更化也。古人有言曰：‘临渊羡鱼，不如退而结网。’”这一典故告诉人们，做事要努力追求，不能总是停留在口头上，重要的是采取实际行动。唐代学者颜师古解释这一典故时说：“言当自求之。”“自求”，就是要靠自己努力追求，付诸行动。马克思也曾经说过：“一步实际行动比一打纲领更重要。”他告诫人们，不要做口头革命家，而应当努力将伟大的目标化为实实在在的行动。这一典故还告诉人们，一切伟大的目标、伟大的思想，都是从微不足道的开始起步的。中国春秋时期的大思想家老子说：“天下难事必作于易，天下大事必作于细。”意思是说，规划宏伟的目标，还得从最不起眼的小事做起，谋划难做的事，也得从最容易的事做起。

下面我们来看看一位青年的自述：

“好多朋友跟我说，自考好难！于是，本想参加学习的我一直被这个思想包袱拖累，徘徊在自考门外。直到2005年下半年，我准备报考高级会计师，从财政局获知需有大专文凭才能报考，这当头一棒，使我马上就想到了自考。

“2005年底，我报读了电子培训中心的南京大学汉语言文学专业的独立办班，怀着巨大的压力与不自信的心情跨进了自考的大门。

“老师讲课经验丰富，引经据典，把本来很枯燥的内容形象化，课堂上同学们的兴致很高，气氛活跃。我仿佛又回到了当年的学校，又找到了6年前的温馨感觉,对汉语言文学的学习也提高了兴趣,同时也充满了自信。

“自考最主要的难题是时间紧，但我认为‘时间就像海绵里的水，只要愿挤总是会有的’。自考以后，我取消了每天下班后的一切娱乐活动，重新拿起书本，搬起厚厚的词典，认真学习。看了一篇篇优秀文学作品，每天温故而知新，我真正感觉到了学习的乐趣！夜深人静时有我看书做题的身影，清晨醒来随手拿起特意放在床头的书读一段，这一天都会感觉清新自然。而且，通过自考我认识了很多好朋友。我们经常一起学习、互相讨论，不亦乐乎！一分耕耘一分收获，通过努力，我的4次考试都获得了很好的成绩，很快我的大专文凭就到手了，而且这种过程也不像别人所说的很难。

“‘临渊羡鱼，不如退而结网！’我觉得这句话说得太对了，心动不如行动，行动了才有希望！”

青少年朋友，羡慕别人只是些虚荣的不存在的心理，何不自己去争取呢？上帝对每个人都是公平的，每个人身上都要有可以成功的素质，就看你争取不争取！所以，要想成功，你想做的就去实践吧！

青少年朋友，别年复一年了，给自己下个任务吧！

1.激发好胜心

我们似乎都有惰性，不愿意自己去学习新的东西；或者是没有胆量，没有学习新知识的意识。但是，我们也有一个最有利的条件，就是有很强的好胜心。只要能激起好胜心，并加以激励，我们就会“铤而走险”去学习新知识。一旦我们尝到了“甜头”，认识了自己的能力，我们就不但敢于而且也愿意去做了。

2. 培养执行计划的习惯

每一个青少年每天都会有许多新的构想，而每一天都会有成千上万个青少年会把自己辛苦得来的新构想取消或埋葬掉，因为青少年不敢执行。

当发生这种情况时，我们应该清楚一点：无论我们的想法有多好，理想如何远大，除非真正身体力行，否则永远没有收获。

3. 尝试未做过的事情

有这样一句话，似乎是所有青少年的常用语：“这个老师没教过，我不会做。”这是不行的。不会的就更应该学，而且要激励自己去学习新知识，而不是被动地等待大人来教。

4. 独立完成各种任务

对于应该是学生完成的所有活动，你都要自己去做。尤其是写作文和解应用题，应先自己思考领会并尝试完成，这样我们就充分运用了自己的综合能力。然后请父母评价，并指出正确的做法。最后再让我们重新开始。这样我们的自学能力会得到很好的训练。

走进社会这个大家庭

校园是座象牙塔，我们在塔里感受不到外面的风雨，单纯地沉浸在美好中。

《青春万岁》里记载了经典的对白：“所有的日子都来吧，让我们编织你们，用青春的金线和幸福的璎珞编织你们”，“有那月下校园的欢舞，细雨蒙蒙里踏青，初雪的早晨行军……还有热烈的争论，跃动的温暖的心……”，“从来不寂寞，眼泪、欢笑、深思，全是第一次！”

象牙塔里的日子是无忧无虑的，可是人都是要长大的，象牙塔不是我们的归宿。青少年是该从睡梦中醒来了，走出象牙塔，用真纯依旧的心灵热切地呼唤：“让暴风雨来得更猛烈些吧！”

2005 年 12 月 14 日，清华大学继续教育学院贴出了一份通知——2006 年 7 月 28 日至 8 月 17 日，学校计划组织 500 名在校生、年轻教师和部分美国大学生参加“清华—美国大学生暑期教学互助活动”。

这个活动是清华大学为配合西部大开发，在 2002 年启动的以“传播知识，消除贫困”为主旨的远程教育扶贫项目的一部分。到今年 9 月 1 日，学校已经在全国 592 个国家重点扶持贫困县建立了 100 个远程教育站。

今年夏天，133 名清华大学学生自愿组成了教育互助小分队到 16 个教育扶贫教学站。他们在两周的教学互助活动中，为贫困地区参加高考的学生和初中英语教师进行了现场辅导。

学校负责大学生扶贫实践的刘振江老师说：“让学生利用寒暑假、双休日等走出‘象牙塔’，开展支教、调研等活动，这更有益于他们学有所用、回报社会，学生们普遍感到收获很大。”

让青少年走出象牙塔，融入社会现在已经成为各个高校教育学生的另一种方式，这种方式比口头的教育更有效，因为社会才是一所无所不容的大学堂，不信我们再看看下面一位同学的亲身经历：

“放暑假以前，我就做好了打工的准备。我要尽量养活自己。家里实在太难了。

“开头几天，和几个同学顶着烈日，跑了许多地方也没找着活干，下岗职工太多，人家根本不要学生。这时，生活费都已产生危机，连回去的路费都没有了，在这人流攒动却无一人相识的城市，我们感到十分的焦急和无助。最后，幸运的是我终于用自己的‘特长’，找了一份做‘主页’的工作。但条件是只有做得好才给钱。他们根本不相信一个学生，能做出交互主页和联机数据库。

“‘开弓没有回头箭’，我已别无选择。于是，早上刚蒙蒙亮，在水龙头上冲一下头，便开始了一天的工作。仔细检查每一份源代码，精心设计动画的每一帧画面。即使高考前的复习也没这么疲累。但是我告诉自己为了生活费我要坚持下去。

“随着进度的越来越大，老板的笑容多了起来。公司里的许多同事也称赞说做得不错。我于是又搜寻最新的主页制作技术，CSS、VRMl、HDML，等等。一有空就跑到微软和SUN公司的主页上，查看他们Homepage方面的技术公告和讨论，希望能做出更好的、更多样式的主页。就这样边学边干，时间一晃而过，终于把全部活儿干完了。过后，许多制作主页的老师、前辈都称赞起来，实用、精美，没有花哨的东西。这时我变得更加自信！”

如果，你能把学到的知识马上用于实践，那么，你的知识就能变成智慧。“学习并不只限于学校内，相遇者都是我的老师。”如果能本着这一原则走向社会的话，你就能从别人那里学到很多在学校学不到的知识，就能使自己充实起来。有一位李先生虽然只是小学毕业，但却在一家大公司里担任一个部门经理。成绩斐然。于是有人便去询问他成功的秘诀。他说:“虽然，我只是小学五年级毕业，但却在社会这所大学里，通过了50年不断努力地学习，终于获得了‘最高学历’。”

的确，在社会这所大学中学习50年，并把学到的知识全部运用于实践的话，当然会比任何一所一流大学的高才生还要出色。这就说明：学历并不代表一切。

青少年是新生力量，应该去飞去闯，没经历过多少风雨，但我们有经风雨的气魄和力量，人生不经风雨哪见彩虹，那就让我们胜不骄，败不馁，去拼去闯！记住，你给我一丝光线，我会还你大片阳光！

检测你的实践能力

请根据你的自身情况如实回答。

1. 不敢面对困难

A. 是的　　B. 有时会　　C. 不会

2. 做事顾虑重重

A. 是的　　B. 有时会　　C. 不会

3. 遇事退缩

A. 是的　　B. 有时会　　C. 不会

4. 凡是要求家长为自己决策

A. 是的　　B. 有时会　　C. 不会

5. 一旦失去依赖对象，就茫然不知所措

A. 是的　　B. 有时会　　C. 不会

6. 一贯服从他人

A. 是的　　B. 有时会　　C. 不会

7. 缺乏勇往直前的气魄

A. 是的　　B. 有时会　　C. 不会

8. 时间观念淡薄

A. 是的　　B. 有时会　　C. 不会

9. 做任何事情总要拉别人才行

A. 是的　　B. 有时会　　C. 不会

10. 从不做家务

A. 是的　　B. 有时会　　C. 不会

11. 受人欺负后不敢抗拒，回家诉苦

A. 是的　　B. 有时会　　C. 不会

12. 听别人的指挥，去做对自己毫无意义的事

A. 是的　　B. 有时会　　C. 不会

13. 没有自己的行动方向

A. 是的　　B. 有时会　　C. 不会

14. 什么事情不管会不会，从不想去试一试

A. 是的　　B. 有时会　　C. 不会

15. 穿衣、洗脸也要父母包办

A. 是的　　B. 有时会　　C. 不会

结果分析：

选 A 计 1 分，选 B 计 2 分，选 C 计 3 分，累计总得分。

29 分以下：你的实践能力很差，应该尽早加强锻炼。

30 ~ 40 分：你具有相对较好的实践能力，还需进一步加强。

45 分以上：你具有较强的实践能力，对你今后的发展大有好处。

第七章

敢于挑战未知事物

克服行动的恐惧

在恐惧所威胁的地方，人是不可能实现任何有价值的成就的。有一位哲学家说过这样一句话：“恐惧是意志的地牢，它跑进里面，躲藏起来，企图在里面隐居。恐惧带来迷信，而迷信是一把短剑，伪善者用它来刺杀灵魂。”

在卡耐基用来撰写成功学书籍的打字机前面，悬挂着一个牌子，上面用大写字母写下了一句话：“日复一日，我在各方面都将获得更大的成功。”

一名怀疑者在看到这个牌子之后，问卡耐基是否真的相信“那一套”。卡耐基回答说：“我当然不相信。这个牌子‘只不过’协助我脱离了我本来担任矿工的那个煤矿坑，并替我在这个世界里谋得一席之地，使我能够协助10万人力争上游，在他们思想中灌输与这个牌子内容相同的积极思想。所以，我何必相信它呢？”

现实生活中，我们要把自己逼向绝境，在没有选择的情况下去努力克服你行动的恐惧。

克服恐惧的一个重要方法就是绝不要让别人打消你的积极性。我们总是会发现有一些窝囊废在劝阻我们不要去冒险，但我们仍然需要有勇气和胆量去实现自己的理想和目标。

很多人害怕成功，害怕成功带来的后果。他们会说：“如果我爬上了高层，我就得对下属负起责任”，“人们也许会嫉妒我，怀恨在心，甚至在我的背后捅刀子”或者“要是我如愿以偿地赚到了很多钱，可又必须缴纳更多的税款”，等等。

你可能从来没有想过有这样一些不怕冒险的人，他们像孩子一样，玩一种“占山为王”的游戏。当其中一个孩子成为“王者”的时候，别的孩子就想方设法赶他下台。然而当真的下台之后，失败者敢于再次冒险，重新把山头夺回来。

海军上将威廉·哈尔歇引用纳尔逊的一句话作为他的座右铭：舰长要将他的座舰驶在敌舰旁边。哈尔歇说道：“军中有句术语‘攻击是最好的防御’，这句话不仅可以使用在战场上，所有的问题，不管是个人的，国家的或战争的，不要想逃避，而要面对它，如此一来问题就会显得小多了。轻轻触摸它，它会刺痛你；大胆握住它，它的刺就碎掉了。”

世界上没有一件可以完全确定或保证的事。成功的人与失败的人，他们的分野并不在于能力或意见的好坏，而是在于相信判断、适当冒险与采取行动的勇气。我们常常认为勇气仅指战场上，难船上或遭遇危机时的英雄事迹，其实在日常生活里；要想过得有效率，还是需要勇气的。站在原地不动，裹足不前，时常使遭遇困难的人显得精神委靡，感到“束手无策”掉在陷阱里，而且也会带来很多身体上的症状。

为此，马尔登建议：“彻底研究状况，在心里想象你可能采取的各种行动方向，与每一种可能产生的后果。选择一种最可行的方向，然后放手去做。如果我们一直要等到完全确定之后才开始行动，一定成不了大事。每种行动都可能会有错误，每个决定也都可能行不通，但是我们千万不可因此而禁闭了我们所要追寻的目标。你必须有每天冒险遭遇错误、失败，甚至屈辱的勇气。走错一步永远胜于‘原地不动’。你一向前走就可以矫正你的方向；若你抛了锚‘站着不动’，自动导引系统是不会牵着你走的。”

如果我们有信心而且怀着勇气行动，那么我们成功的可能已经有了50%。

1498年，意大利航海家哥伦布发现新大陆凯旋时，西班牙女王为他举行了庆祝大会。在宴会上有人满不在乎地说：“这没有什么了不起，大陆本来就在那里，不过正好被他碰上了。”哥伦布听后，没有直接回答他人的挑衅，而是拿起一个鸡蛋，对在座的人说：“先生们，你们当中有谁可以使这个鸡蛋竖立起来吗？”在场的人面面相觑，没有一个人想出办法来。这时，哥伦布接过鸡蛋，将鸡蛋往桌子上轻轻一磕，鸡蛋矗然而立。

人们为之愕然，但仍有人不以为然地说："这也没有什么了不起，熟鸡蛋本来就可以立起来。"这时哥伦布以极其平静的语调说："是的，许多事物本来都在那里，可是有人将它发现，有人却没有发现，差别就这么一点。"正是这一点差别，使哥伦布冒着生命危险，摆平艰难险阻，横渡大西洋发现了新大陆。

瑞典化学家诺贝尔为了完成科学发明，一生都在死神的威胁下，冒着生命危险，研究烈性炸药。

1867年秋，在一次试验中，他的一位亲兄弟献出了生命，父亲负伤变成了残废，他的哥哥也身受重伤。在这些代价面前，一旦机会光临，他仍然会死死抓住不放。

说来也巧，有一天，诺贝尔意外地发现搬运工人从货车上卸下甘油罐时，从有裂缝的甘油罐中流出来的液体，居然和罐子与罐子之间塞进的硅藻土混合而成固体，没有发生爆炸。

一个固体物居然在搬运、贮存上很安全，这个有益的线索对诺贝尔启示很大。

他抓住这一点进行实验，证明硅藻土是一种很好的吸附剂，它能吸附三倍于自身重量的硝酸甘油仍保持干燥，并可以把吸附硝酸甘油的硅藻土模压成型，但它的爆炸力和纯净的硝酸甘油相等。

这样，他就发明了一种既有强大威力又安全可靠的烈性炸药，从而使烈性炸药得到了广泛的应用。

揭穿了有关雷电古老神话的富兰克林也是一个勇敢的实践者和行动者。

1752年7月的一天，富兰克林在野外放风筝进行捕获雷电的试验。他的风筝很特别，用杉树做骨架，用丝手帕做纸，扎成菱形的样子。风筝的顶端安了一根尖尖的铁针，放风筝的麻绳末端拴着一把铁钥匙。当风筝飞上高空不久，突然大雨降临，电闪雷鸣。富兰克林对全身被淋湿毫不在意，对可能被雷击也不畏惧，他全神贯注于他的手。当头顶上闪电的瞬间，他感到自己的手麻辣辣的，他意识到这是天空的电流通过湿麻绳和铁钥匙导来的。

他高兴地大叫："电，捕捉到了，天电捕捉到了！"我们纵然有成功的欲望，但不敢冒险，怎么能够实现伟大的目标？在不确定的环境里，人的冒险精神是最有创造价值的资源。

青少年朋友，如果你想做只金凤凰的话，那你就必须克服恐惧，敢于冒险！

拥有足够的勇气

有人说，能登上金字塔顶峰的两种动物：一种是雄鹰，另一种是蜗牛。雄鹰的力量人们不会有什么怀疑，因为它有一双高飞的翅膀；而蜗牛的成功却是人们想都不敢想的。是什么让蜗牛有如此的壮举？——勇气，蜗牛凭着坚持的勇气朝着一个方向前进，最终走向了成功。所以，每个人只要把心中那点勇气保留到底，任何人都会成功。

1983 年，伯森·汉姆徒手攀壁，登上纽约的帝国大厦，在创造了吉尼斯纪录的同时，也赢得了"蜘蛛人"的称号。

美国恐高症康复联席会得知这一消息，致电"蜘蛛人"伯森·汉姆，打算聘请他担任康复协会的顾问。

伯森·汉姆接到聘书，打电话给联席会主席诺曼斯，要他查一查第 1042 号会员，这位会员很快被查了出来，他的名字叫伯森·汉姆。原来他们要聘请的这位"蜘蛛人"顾问，本身就是一位恐高症患者。

诺曼斯对此大为惊讶，一个站在一楼阳台上都心跳加快的人，竟然能徒手攀上 400 多米高的大楼，他决定亲自去拜访一下伯森·汉姆。

诺曼斯来到费城郊外的伯森住所。这儿正在举行一个庆祝会。十几名记者正围着一位老太太拍照采访。

原来伯森·汉姆94岁的曾祖母听说汉姆创造了吉尼斯纪录，特意从一百公里外的慕拉斯堡罗徒步赶来，她想以这一行动，为汉姆的纪录添彩。

谁知这一异想天开的做法，无意间竟创造了一个耄耋老人徒步百里的世界纪录。

《纽约时报》的一位记者问她，当你打算徒步而来的时候，你是否因年龄关系而动摇过？

老太太精神矍铄，说："小伙子，对我来说打算一口气跑一百公里也许需要很大的勇气，但是走一步路只需要一点点勇气就足够了，只要你走一步，接着再走一步，然后一步再一步，一百公里也就走完了。"

恐高症康复联席会主席诺曼斯站在一旁，一下明白了伯森·汉姆登上帝国大厦的奥秘，原来他保持着向上攀登一步的勇气。

人类的生命运动从本质上说是一次探险，如果不是鼓足勇气迎接风险的挑战，但是被动地等待风险的侵袭保留勇气，可以让你做别人所不敢做的事，这样才能得到别人所不能得到的收获。故步自封，只能流于平庸。作为有志青年，就应保留"明知山有虎，偏向虎山行"的勇气。

1916年，丰田因应日本贸易市场化的要求，必须与美国等外国汽车短兵相接，面对此竞争逆境，所有的日本工厂被要求减价20%。

当时松下通信工业供应丰田汽车的收音机，因此也接到降价的要求。

于是，松下问其管理人员："现在每台赚多少呢？"其管理人员回答说："大概只赚3%。""太少了，3%本身就是个问题，现在又要降价20%，这岂不太糟糕了吗？"经过再三研究，毫无有效对策。于是大家主张以办不到为由，再跟丰田讨价还价。然而，松下个人却从根本上做策略性的思考：为什么丰田要这么要求？不配合的话，则会有怎样的不良后果？既然以目前的情形再降20%根本不可能，那么只有另辟蹊径，做根本的改变。

经再三研究，松下作出了以下决定：

性能和外观绝不可改变，在这个原则下，全面变更设计，希望在降价20%之后依然有合理的利润。这样做，可能会有暂时的损失，然而这并非仅仅是为了丰田，而是为了维持与发展日本工业，大家都要尽力而为。

后来松下公司不但依丰田要求而降价，又借着这次的升级压力，促进其产品的革命与根本的改良，获得更大的合理利润。

世上之事能否成功，全在你是否有勇气去做。想做，再多的困难也能克服，不想做再简单的事也无法完成。

松下幸之助在22岁时开始创业，当时他对未来能否成功并无把握；一步跨向充满挑战的世界，他感到非常迷茫。然而，松下渴望成功的念头却十分强烈，同时也作了万一失败的心理准备，反正车到山前必有路，万一失败，再另谋生路就是了。

如果你失败了，有何打算？

松下幸之助毫不犹豫地回答：怎么办？真若走投无路，就去卖面吧！而且我要卖比别人都好吃的面。同时也打定“万一失败”，纵然身无一物，我也有东山再起的决心。

冒险意味着危险，但也意味着机会。

卡耐基说：“冒险是一种奋斗，一种促使人生变得更加辉煌的奋斗。”

拿破仑还说：“最重要的是：不论事情是成功还是失败，要敢于自始至终地去奋斗，去拼搏。”一位著名的哲人曾说过：“生命是一个奥秘，它的价值在于探索。因而生命的唯一养料就是冒险。”

大多数人都是平凡的，生活总是高低起伏。但是我们宁可留在温室使事情更糟，也不愿意为了让事情好转而勇敢冒险。如果我们的生活十年如一日，直到退休，靠着平时存下的积蓄过日子，但我们可能会渐渐地因觉得自己越来越没有价值而感到消沉。

所以，不想你的人生平淡的话，那就拿出你的勇气做一次尝试。

青少年朋友，有时候会以为只要我学习好，成绩高，不需要勇气不需要冒险也能走好自己的路，可一旦我们离开学校，大部分人就会意识到，仅仅有大学文凭或好分数是远远不够的。在校园之外的现实世界里，有许多比好分数更为重要的东西。我们常常听到人们将这些东西称之为“魄力”“勇气”“毅力”“胆识”“精明”“果决”“才华横溢”等。不管怎么称呼，这都是比分数更能从根本上决定青少年未来的因素。

在我们每个人的性格当中，既有勇敢、聪明、泼辣的一面，也有畏惧、愚昧和胆怯的一面．过分的畏惧和自我怀疑是浪费我们才能的最大因素。在现实世界里，人们往往是依靠勇气而不是聪明去领先于其他人的。在每个人身上，本来具备着打破旧的生活格局而迎来新的生活格局的巨大潜能，可是它被现时的平庸的作为掩盖着，只有具备冒险意识，无所畏惧，勇于探索和实践，你的潜能才能发挥出来。完全地展示了自己的才能，实现了自己追求的人生，才能领略到人生最大的喜悦和欢愉，所有懦夫都不可能领略到。

你的才华，你的能力，只有通过冒险，通过克服一道道难关才能锻炼和展现出来。而安于现状不思进取的人、没有危机感的人、不愿参与竞争和拼搏的人，则首先由于其思想意识和懒散而平庸一生。

有冒险的生活，才有多姿多彩的人生

成功者的字典里是没有“不可能”这三个字，在他们眼里，越是不可能做成功的事，越可能成功。一位成功人士说:“只要有无限的热情，几乎没有一样事情不可能成功。”

20 世纪 50 年代，索尼公司创始人盛田昭夫和井深大就树立了打造全球性公司和全球强势大品牌的远大目标和宏大愿景。他们意识到，索尼要成长为真正的全球性公司和全球强势大品牌，实现真正的品牌全球化是必须全面突破的关键性难题。

但是，对于创立不久的索尼来说，尽管实现了产品创新和销售业绩上的突飞猛进，索尼还只能算是日本本土上的一个小小的暴发户。那么如何才能使索尼走向世界？有足够大的决心、足够多的勇气甚至不惜冒险是索尼品牌全球化战略必须迈出的第一步。

1953年盛田昭夫对荷兰皇家飞利浦电子公司进行了考察，已在世界范围内建立起广泛声誉和美誉的飞利浦竟然坐落在一个又偏又小的老式农庄里的眼前实景，给了盛田昭夫莫大的启发，使他信心倍增，更坚定了把索尼打造成全球强势大品牌的信念。他在给井深大的信中说："如果一个人在又小又偏的农庄，连他都能建成一个大型、高科技、有全球声誉的公司，就像飞利浦那样，可能，只是有这个可能，索尼在日本也能做得到。"

正是在这种冒险精神的鼓舞下，1953年索尼公司冲破重重险阻和困难，实现了一个名不见经传的日本小公司从贝尔实验室购买晶体管的关键技术的"神话"，在1995年成功推出全世界第一台晶体管收音机，1957年推出第一款便携式晶体管收音机，奠定了索尼在世界消费电子行业的领先地位。

事实证明，"不可能"的事通常是暂时的。当遇到困难时，永远不要让"不可能"束缚自己的手脚，坚持下去也许"不可能"就会变成可能。

1974年的一天，比尔·盖茨的朋友保罗·艾伦来到坎布里奇看比尔·盖茨。在报亭里他看到了一份《大众电子学》。封面上面醒目地写着："世界上第一部微型电脑，堪与商用电脑匹敌。"

艾伦急忙买了一本，随便翻了几页，便向比尔·盖茨的宿舍跑去。他见到盖茨就说："我们现在终于有机会动用BASIC做点事情了。"

盖茨明白，艾伦是对的：个人电脑将会创造一个奇迹！一旦电脑像电视机一样普及，对软件的需要将无穷无尽。到那时，他们这些软件设计的天才，前途将不可限量。

很长一段时间，他们曾想自己制造电脑。艾伦对电脑的硬件感兴趣，而盖茨对电脑的软件颇有研究，他认为软件才是电脑的生命，经过一场激烈的争论，艾伦最终认识到他们的优势是电脑的灵魂——软件。然而，当时的电脑非常稀少，只有少数政府部门、学校、大企业及个别私人拥有。这等于没有"肉体"，而有"灵魂"。因此，盖茨和艾伦可谓英雄无用武之地。

1971年，"电脑解放"的伟大革命在美国爆发了。这年，英特尔公司制造出人类历史上第一个微型信息处理器。这个指甲盖大小的芯片，石破天惊般地开创了电脑发展史的新纪元。

1974年，新墨西哥州的一个电脑迷——罗伯茨制造出了世界上第一部微型电脑。

盖茨和艾伦都觉得机会就在眼前，决定立即采取行动。他们给罗伯茨打电话，自称是西雅图交通数据公司的代表，说他们研读了《大众电子学》杂志上那篇介绍阿尔塔家用电脑的文章，还说他们正好已经开发了一种BASIC语言，只要稍微改动，就可以用到阿尔塔8080上，询问罗伯茨对此是否有兴趣。

罗伯茨从声音上听出了是两个孩子。他冷冰冰地告诉他们，至少有50个人对他说过相同的话，而他只想看结果，谁最先向他提供成熟的语言，他就跟谁做生意。

盖茨和艾伦都知道这个机会千载难逢。他们不想等待，让机会溜走。于是立即给罗伯茨写了一封信。说他们已研制成了一种可以在所有8080微处理器上使用的BASIC语言翻译器，他们愿意通过罗伯茨的公司，出售拷有这个软件的磁带或磁盘，每套仅收0.5美元。

罗伯茨见信，才改变了主意，认为这两个孩子说的可能是真的，于是他按信封上的电话号码给他们去了一个电话。但电话却打到了湖滨中学而不是哈佛大学，接电话的人根本不知道这是怎么回事。罗伯茨以为受了戏弄，幸亏比尔·盖茨是个坚定执著的人，不会受任何意外障碍的干扰，因此，粗心大意的毛病才不至于给他造成太大的伤害。

比尔·盖茨和保罗·艾伦心里很清楚，现在的关键是赶快拿出东西来，说得再多也没用。说不定还有别的人在做一样的工作，他们必须抢在前面。他们并不知道那封信已使罗伯茨产生了误会，只是埋头设计程序。一连8个星期，比尔·盖茨没有去上课，也没工夫再去玩牌。他和艾伦夜以继日地待在机房。照说，要为阿尔塔8080电脑编程序，首先应当有一台这样的机器。可是迄今为止，他们还只是在《大众电子学》的封面上见过一台这种机器的空壳子。好在他们已经十分熟悉PDP-10型电脑，在PDP-10型电脑上可模拟阿尔塔的微处理器，而PDP-10型电脑在哈佛大学是不难找到的。

此前，保罗·艾伦已读过关于8080芯片和阿尔塔电脑的各种文章，他用了两个星期的时间，在 PDP-10 型电脑上做出了阿尔塔处理器的模拟器，比尔·盖茨则为该机的 BASIC 语言编制了设计要领。

他们两个在机房中废寝忘食，刻苦钻研，每天只睡一两个小时。当盖茨力不能支的时候，就躺在工作台后打个盹。一醒过来，又接着干。

与此同时，他们曾多次与罗伯茨交涉，希望多得到一些在《大众电子学》上见不到的有关阿尔塔电脑的资料。罗伯茨问他们何时能去当面演示他们的 BASIC 语言。最初，盖茨说只需 3 ~ 4 个星期。他的确只用 3 周时间就编完了程序，但接下来，却耗费了 4 周时间对其进行修改，直至满意。

盖茨事后说，在他写的所有程序中，他最骄傲的就是在哈佛苦干 8 周而完成的这个 BASIC 程序。他说："这是我写得最棒的一个。"

盖茨和艾伦在没有和对方签约，甚至还没有得到肯定回答的情况下就开始了行动，体现了一种敢于冒险、敢于挑战"不可能"认准了就毫不犹豫去干的风格。这种风格无论是在创业之初还是在后来，都是他们取得成功的一个重要因素。

冒险与收获常常是结伴而行的。险中有夷，危中有利。要想有卓越的成果就要敢于冒险。许多成功人士不一定比你"会"做，重要的是他们比你"敢"做。

如果你没有冒险精神，只愿意四平八稳地走在平坦的大道上，那么，你就永远也成不了遨游蓝天的雄鹰，只能做一只在粪堆里扒食的小鸡。

一些人之所以一辈子平平庸庸、清清淡淡，直到走到人生的尽头也没有享受到真正成功的快乐和幸福的滋味，就是因为他们安于现状，不敢冒险，不敢走前人没有走过的路。

事实上，当你具有一定的冒险精神时，你就不会满足于现状，而是敢于进取。这种冒险往往会给你丰厚的回报。

青少年正年轻，刚走上社会，一方面要通过学习和实践不断增长智慧，另一方面还要永远保持冒险精神。"谨慎小心"并不是一种优秀的品质，裹足不前、安于现状，也只能在当今瞬息万变的社会中被淘汰出局。

有冒险的生活，才有多姿多彩的人生。

现在的青少年喜欢用不可能来给自己找借口，他们总是还没有采取行动时就给自己判了死刑，青少年应该拿出点“破釜沉舟，百二秦天终属楚；卧薪尝胆，三千越甲可吞吴”的干劲，搬走“不可能”这座大山。恺撒曾以他自己的铁蹄证明了一点：是我恺撒要做的，就没有不可能做到的。

真正的成功者是勇者

成功就好比一扇虚掩的门，只要我们敢于冒险，勇敢去推，门内的东西就会让你大开眼界。人生如逆水行舟，不进则退。因此，不管前面的路途铺满荆棘还是狂风暴雨，只有勇往直前，你才能顺利到达彼岸，不要因一时的困难就放弃，那是懦夫的表现，真正的成功者是勇者。

美国布鲁金学会以培养世界杰出的推销员著称于世。它有一个传统，在每期学员毕业时，设计一道最能体现销售员实力的实习题，让学员去完成。

克林顿当政期间，该学会推出一个题目：请把一条三角裤推销给现任总统。8 年间，无数的学员为此绞尽脑汁，最后都无功而返。克林顿卸任后，该学会把题目换成：请把一把斧子推销给布什总统。

布鲁金斯学会许诺，谁能做到，就把刻有“最伟大的推销员”的一只金靴子赠予他。许多学员对此毫无信心，甚至认为，现在的总统什么都不缺，再说即使缺少，也用不着他自己去购买，把斧子推销给总统是不可能的事。

然而，有一个叫乔治·赫伯特的推销员却做到了。这个推销员对自己很有信心，认为把一把斧子推销给小布什总统是完全可能的，因为布什总统在得克萨斯州有一个农场，里面种着许多树。

乔治·赫伯特信心百倍地给小布什写了一封信。信中说：有一次，有幸参观了您的农场，发现种着许多矢菊树，有些已经死掉，木质已变得松软。

我想，您一定需要一把小斧子，但是从您现在的体质来看，小斧子显然太轻，因此你需要一把不甚锋利的老斧子，现在我这儿正好有一把，它是我祖父留给我的，很适合砍伐枯树……

后来，乔治收到了布什总统15美元的汇款，并获得了刻有“最伟大的推销员”字样的一只金靴子。

乔治·赫伯特成功后，布鲁金斯学会在表彰他的时候说，金靴子奖已空置了26年。26年间，布鲁金斯学会培养了数以万计的推销员，造就了数以百计的百万富翁，这只金靴子之所以没有授予他们，是因为学会一直想寻找这么一个人，这个人不因有人说某一目标不能实现而放弃，不因某件事情难以办到而失去自信。

勇敢地推开虚掩之门，勇往直前，成功也就离你不远了。

在马林果战役的前夕，拿破仑坐在营帐里，凝视着面前摊开的一张意大利地图。他把四枚钉子按在地图上，一边挪动钉子，一边思考着。

过了一会儿，他自言自语地说：“现在一切都好了，我要在这里抓住他！”“抓住谁？”身旁的一个军官问道。“墨拉期，奥地利的老狐狸，他要从热那亚回来，路过都灵，回攻亚历山大里亚。我要过河，在塞尔维亚平原迎着他，就在这儿打败他。”拿破仑的手指向马林果。

但是，马林果战役打响后，法军受到敌军强有力的抵抗，只剩招架之功，拿破仑精心筹措的胜利眼看就要成为泡影。

正在法军败退之际，拿破仑手下的将领德撒带着大队骑兵驰过田野，停在拿破仑站着的山坡附近。队伍中有一个小鼓手，他是德撒在巴黎街头收留的流浪儿，在埃及和奥国战役中一直在法军中作战。

当军队站住时，拿破仑朝小鼓手喊道：“击退兵鼓。”

这个孩子却没有动。

“小流浪汉，击退兵鼓！”

孩子拿着鼓槌向前走了几步，朗声说道：“啊，大人，我不知道怎么击退兵鼓，德撒从来没有教过我。但是我会敲进军鼓，是的，我可以敲进军鼓，敲得让死人都排起队来。我在金字塔敲过它，在泰泊河敲过它，在罗地桥又敲过它。啊，大人，在这里我可以也敲进军鼓么？”

拿破仑无可奈何地转向德撒：“我们吃败仗了，现在可怎么办呢？”

“怎么办？打败他们！要赢得胜利还来得及。来，小鼓手，敲进军鼓，像在泰泊河和罗地桥一样地敲吧！”

不一会儿，队伍跟着德撒的剑光，随着小鼓手猛烈的鼓声，向奥地利军队横扫而去，他们不惜流血牺牲，敌人被打得节节败退。德撒在敌人的第一排子弹中就倒下了，但是队伍并没有动摇。当炮火消散时，人们看到那个小流浪儿走在队伍的最前面，笔直地前进，仍旧敲着激昂的进军鼓。他越过死人和伤员，越过营垒和战壕。他的脚步从容不迫，鼓声振奋人心，他以自己勇往直前的精神开辟了胜利的道路。

勇往直前，这是成功人生的使命。勇气，是青年人具备影响力的开路先锋。倘若你做事瞻前顾后，前怕虎，后怕狼。即使你有过人的本领，也会因为缺少勇气而无法行动。没有行动自然就无法表现出你的才能，也就无法让别人看到你的价值所在，自然也就无影响力可言。

勇往直前，是一种潇洒，是一种境界。也许你此时正处于低潮，怕什么，你要明白，生活的路不会是一马平川，“一帆风顺”也只是祝福的话，要想成功，唯有勇往直前，即使是悬崖，也不要后悔，勇敢攀登下去，即使是遍体鳞伤，也要义无反顾、风雨兼程。

检测你的冒险能力

1. 你乘坐汽车去旅游，中途要经过一段崎岖山路。据说司机不久前因翻车受到处分，你敢坐他开的车吗？

A. 是　　B. 否　　C. 不确定

2. 在你腰上系好安全带，你敢登上 10 米高的软梯吗？

A. 是　　B. 否　　C. 不确定

3. 你一位要好的朋友做驯兽员，他保证你安全，你敢和他一起进入关着老虎的铁笼子吗？

A. 是　　B. 否　　C. 不确定

4. 一条断的高压线横在路中间，值班人员告诉你高压线已经没有电流，你敢越过吗？

A. 是　　B. 否　　C. 不确定

5. 如有一个目前收入较低，但前景十分乐观的工作，你会接受吗？

A. 是　　B. 否　　C. 不确定

6. 一列火车呼啸而来，按火车速度和你穿过铁路的最快速度算，你能赶在火车到达前 10 秒钟穿过铁路到达安全地方，你敢穿过吗？

A. 是　　B. 否　　C. 不确定

7. 你正在漫步街头，此时一匹惊马向你狂奔而来，你敢上去抓住它的缰绳吗？

A. 是　　B. 否　　C. 不确定

8. 你没有经过跳伞和空降训练，教练员给你背好降落伞后告诉你，你离地面 400 米时，伞肯定会自动打开，保证你安全，你敢从 1000 米高空的飞机上跳下吗？

A. 是　　B. 否　　C. 不确定

9. 你和女友（或男友）经过一段时间的恋爱，在没有确切把握的情况下，你敢向对方说“我爱你”吗？

A. 是　　B. 否　　C. 不确定

10. 歹徒向你投来一颗拉了弦的手榴弹，手榴弹在你身边冒着白烟“哗哗”作响，10 秒钟内就要爆炸。你只要动作利索，6 秒钟内就可将它投回到歹徒身边。你敢将手榴弹拾起投掷出去吗？

A. 是　　B. 否　　C. 不确定

11. 你的朋友在毒蛇试验室工作，你去看望他，他告诉你其中一条毒蛇已把毒液分泌腺割掉，你敢用手捉它吗?

A. 是　B. 否　C. 不确定

12. 前几天发生渡船超员导致的沉船事故，现在让你搭超员的船过河，你敢吗?

A. 是　B. 否　C. 不确定

结果分析:

选 A 计 1 分，选 B 计 5 分，选 C 计 3 分。

12 ~ 22 分：敢于冒险型。

你有胆识，“明知山有虎，偏向虎山行”，总是依靠拼搏渡过种种难关，去捕捉成功的机会。在关键时刻，你给人带来安全感，因此受到人们的尊重和信赖。但要注意的是，在冒险时要审时度势，力求“冒”则必胜，切莫莽撞轻率。

23 ~ 46 分：不大敢冒风险型。

你不敢承担大的风险，但能理智地捕捉一些机会。在无关大局的事情上，你也能冒一点风险，但不会冒很大的风险。由于你平时缺乏冒险的实际锻炼，即使你敢“铤而走险”，成功的机会也不会太大。

47 ~ 60 分：不敢冒风险型。

你谨小慎微，树叶掉下来怕砸伤头，你的生活哲学是“不求有功，但求无过”。你的个性决定你遭遇失败的时候不多，但同时也意味着你很容易失掉良机。例如在爱情上，尽管你感到对方有情，你也有意，但会因害怕对方拒绝而迟迟不敢“冒险”启口，以致爱情从你身边溜过。

第八章

让自己成为受欢迎的人

用真诚坦白打开友谊之门

在交际的场合中，尤其是当我们遇到了陌生的朋友时，真诚坦白是我们打开友谊之门的钥匙。碰到陌生人，与其躲躲闪闪地畏首畏尾，不如索性大大方方地主动出击。那种爽直、大方的人，往往易于使人亲近，也常常受人欢迎，也就更容易赢得别人的信任。

人与人之间，无论是陌生关系还是朋友关系，无论是亲人还是顾客，都应该相互坦诚。因为坦诚高于人性其他方面的一切品质！但要如何才能获得别人的坦诚呢？答案是，只有坦诚才能换来坦诚！

一直以来，河南的杜延用都在试图把煤推销给一家大型连锁公司。然而，那家连锁公司依然继续使用另一个地方的煤。因此，杜延用一直在骂那家连锁公司。

事情发生是在一次辩论中。

杜延用答应了站在连锁商店一方进行辩护。于是，他到他曾经痛恨的连锁公司，去会见一位部门经理。见面后，他说："我到这里来，并不是向你们推销煤的。我只是来请求你们帮我一个大忙。"接着他把辩论的事情跟对方详细地说了一通："我是来请你们帮忙的，因为我想不出还有什么人能够比你们更能提供我所需要的资料了。我非常想赢得这场辩论。对于您的任何帮助，我感激不尽。"

刚开始，杜延用请求对方给自己五分钟时间，对方答应了。当杜延用说明来意后，对方就请他坐了下来，并谈了将近三个小时。最后，对方请来一位曾经写过一本有关连锁商店的书的高级文员，让杜延用与他交谈。经理还写信给全国连锁组织公会，为杜延用要了一份他需求的资料。这对杜延用的辩论将帮上很大的忙。

为什么连锁公司经理会如此尽力帮忙呢？因为当他说："我认为连锁商店对人类是一种真正的服务""我以我为数百个地区的人民所做的一切而感到自豪"时，连锁公司经理已经坦诚地赞同他了。而这种赞同，完全是发自内心的。

当杜延用走时，经理送他到门外，并用自己手臂环绕着杜延用的肩膀，预祝他辩论得胜，并诚邀他以后再来做客，把辩论结果告诉自己。最后，他还说了这样一句话："请在秋末时再来找我，我想签下一份订单，买你的煤。"

杜延用有点惊讶，因为在整个交谈过程中，他们的谈话中没有提及半个"煤"字。

其实，这个世界并没有绝对的对或绝对的错，有的只是一个人所站的不同角度。只要你认为对，这个世界就错不了。因此，在生活中，我们要经常站在别人的角度去为别人讲几句话，我们要经常主动地去理解别人，真诚地认同别人的观点，即使对方的观点很另类，或者与现实脱节，我们也没有必要凭着自己的主观意见，去指责或者对对方说教。

所以当我们坦诚地关注别人时，我们才会获得别人的信任和支持。

1969 年，美国著名的心理学家约翰·安德森在一张表格中列出了 500 多个描写人的形容词，他邀请近 6000 名大学生挑选出他们所喜欢的做人品质。

调查结果表明，大学生们对做人品质最高评价的形容词是"真诚"。在 8 个评价最高的候选词语中，其中 6 个和真诚有相同的内容，它们是：真诚的、诚实的、忠实的、真实的、信得过的和可靠的。

大学生们对做人品质给以最低评价的词是"虚伪"。在 5 个评价最低的候选词语中，其中有 4 个和虚伪有关，它们是：说谎、做作、装假、不老实。

约翰·安德森这个调查研究结果在人际交往中具有普遍意义。生活中我们总是喜欢真诚信得过的人，讨厌说谎失信的人。日本著名的佛学大师池田大作说："一个诚实的人，不论他有多少缺点，同他接触时，心神就会感到清爽。这样的人，一定能找到幸福，在事业上有所成就。这是因为以诚待人，别人也会以诚相见。"一个人只要真诚地待人保证自己的信用，就容易获得他人的信任，甚至有的朋友可能会为你的真诚去牺牲他的宝贵东西也不在乎。

青少年朋友从小就应该对人真诚坦白，用你的真诚去唤醒更多的朋友，你的社交面也就越来越广，你成功的几率也就更大。

诚心诚意地尊重别人

卡耐基曾经说过："你见到的每个人都觉得自己在某个方面比你高明，因此通向他心灵的可靠途径就是用微妙的方式让他感到你承认他是重要的，而且要诚心诚意地尊重他。"

有这样一个故事：一个小孩不懂得见到大人要主动问好、对同伴要友好团结，缺少礼貌意识。聪明的妈妈为了纠正他这个缺点，把他领到一个山谷中，对着周围的群山喊："你好，你好。"

山谷回应："你好，你好。"

妈妈又领着小孩喊："我爱你，我爱你。"

不用说，山谷也喊道："我爱你，我爱你。"

小孩惊奇地问妈妈这是为什么，妈妈告诉他："朝天空吐唾沫的人，唾沫也会落在他的脸上；尊敬别人的人，别人也会尊敬他。因此，不管是时常见面，还是远隔千里，都要处处尊敬别人。"

小孩朦朦胧胧地明白了这个道理。

任何人的心底都有获得尊重的渴望，受到尊重的人会变得宽容、友好、容易沟通。

在人际交往中尊重别人的人格是赢得别人喜爱的一个重要条件。人格，对每个人来说，都是最珍惜、最宝贵的。对每一个人来说，他都有这样一个愿望：使自己的自尊心得到满足，使自己被认可、被尊重、被赏识。如果你不尊重他的人格，使他的自尊心受到了伤害，当时，他或许会一笑了之，但是，你却严重地打击了他。

事实上，如果你表示出了对他的不尊重，即使他当时对你还很友善，但是，如果他不是一个精神境界极高的人，他以后是不会很喜欢你的。这样，你就“赢得了战场，而输掉了战争”。

相反，如果你满足了他的自尊心，使他有一种自身价值得到实现的优越感，那么，这表明你很尊重他的人格，你帮助他获得了自我实现。他因此会为你所做的一切表示友好，对你有一种感激之情，他便会喜欢你。

一些高明的政治家是精于此道的。为了笼络人心，赢得别人的拥护和支持，他们绝不轻易伤害别人的自尊和感情。一位评论华盛顿政治舞台的专家指出：“许多政客都能做到面带微笑和尊重别人，有位总统则不止如此。无论别人的想法如何，他都会表示同意。他会盘算别人的心思，并且能掌握这些心思的动向。”

只有尊重别人，别人才会喜欢你。你满足别人的精神需求，别人才会满足你的精神需求。怎样才能算是尊重别人呢？

1. 不要总是自命清高，容不下别人的批评和建议

对于别人的批评、意见，你要虚心接受，即使有不对的地方，你也不要当面反驳。不要什么事都认为自己正确，你应该学会站在别人的立场考虑问题，这样就会改变你固执的做法。

2. 对你周围的人要宽容

别人一不小心得罪了你，并再三向你道歉，你却仍然骂骂咧咧，得理不饶人，结果只会导致你们之间的关系越来越疏远，最终失去一个朋友或能做你朋友的人。

3. 不要在别人面前装出一副冷漠的神情

你冷漠地对待别人，别人会以为你瞧不起他。如果你周围的人诚恳地向你征求意见或诉说苦闷，你却显出一副心不在焉、不感兴趣的样子，即使你心里并没有不尊重对方的意思，可你的行为已经伤了对方的心。

4. 不要贬低别人的工作能力

当你周围的人在某一方面作出成就时，你应该给予适当的赞扬，而不是对其成就进行有意无意地贬低。即使你周围的人工作能力不强，你也不要贬低。否则，不但会使你们的交往不成功，还会激起更深的矛盾，甚至反目成仇。

最重要的一点就是要学会倾听。

倾听，是有效的沟通过程中最强有力的招数，可是，事实上却很难找到喜欢倾听的人。如果你遇到真正能听你说话的人，而且能告诉你，你所说的真正意思，而不是他以为你说的是什么，那就是一次珍贵的谈话经历了。善于听别人说话的人，应该能给对方反馈，说话的人会有心照不宣之感。说话的人知道，你的确在听他说话，他就能更倾心、更热忱、更愿意回报。

道理很简单，听话者的态度会直接影响说话者的兴趣，假如你是一个说话者，而你的交流者没耐心听你讲话，或者把你的话当耳边风，随便敷衍，你绝对不会有好的感觉。相反，如果对方相当重视你的谈话，你肯定更容易和对方交流。

一个成功的“听”者首先是一个虚心向别人请教的人，他非常尊重别人的经验和积累，总是把对方摆在自己之上，无论对方是什么人，他总是认为对方必定有某些可以借鉴的东西，在某些方面高自己一筹。正因为这样，在交际中，他总是鼓励对方讲话，不断强调其中有价值的内容，让别人把自己的想法完全陈述出来。无论别人讲什么话，你都不要拒听，更不要表现出生气的情绪。

只有这样，才能赢得别人对你的好印象，你与他人的交往也才能成功。

赞美的艺术

赞美别人是一种有效的情感投资，而且投入少、回报大，是一种非常符合经济原则的行为方式。对领导的赞美，让领导更加赏识与重用你；对同事的赞美，能够联络感情，使彼此愉快地合作；对下属的赞美，能赢得下属的忠诚，换得他们的工作用心和创造精神；对商业伙伴的赞美，能赢得更多的合作机会，赚得更多的利益；对妻子或丈夫的赞美，使夫妻更加甜蜜；对朋友的赞美，能赢得崇高的友谊。

因为人类有一个共同的弱点，那就是爱慕虚荣，他们在做觉得没有多大把握的事情时，往往极其乐意看到自己在这些没什么把握的事情上表现不凡，获得别人的称赞。当你对他们这些没把握的事情中的任何一件加以赞扬时，都会发生你所期望的功效。

林肯曾经说："一滴甜蜜糖比一斤苦汁能捕获到更多的苍蝇。"

人不分男女，无论贵贱，都喜欢听合其心意的赞美。同时，这种赞美，能给他们加倍的才华、成就和自信的感觉。这的确是感化人的有效的策略。

赞美就像浇在玫瑰上的水；赞美的话并不费劲，却能成就大业。我们要下定决心努力对自己的亲人、朋友甚至每一个人加以赞美，并把它变成一种习惯。

卡耐基提醒我们：说句好话轻而易举，只要几秒钟，便能满足人们内心的强烈需求，注意看看我们所遇见的每个人，寻觅他们值得赞美的地方，然后加以赞美吧！

这是卡耐基对我们的忠告，也是我们人际交往的最强守护神。

莎士比亚曾说："赞美是照耀我们心灵的阳光，没有它，我们的心灵就无法成长。”

丘吉尔曾说：“你要别人具备怎样的优点，你就怎样去赞美他。”

威廉·詹姆士曾说：“人性深处最深切的渴望，就是渴望别人赞美。”

因此善于用欣赏的眼光去欣赏别人的优点、长处，然后真诚地而不是虚伪地给以赞美，这才是我们以人为本的与人相处之道。

我们不妨在生活实践中，看看这样做又将产生什么样的结果。

一个叫小约翰的小学生又调皮又可爱，成人后在战场上壮烈牺牲，成为一位烈士。人们在检查他的遗物时发现他的内衣口袋里有一张沾着鲜血的纸片，这是一张记满了小约翰各种优点的纸片。原因是小学时小约翰特别调皮，但班主任并没有对他放弃不管。班主任知道要真正使一个调皮的孩子发生变化，重要的不是寻找他的问题，那样会适得其反，最重要的是能发现他的优点，捕捉他的优点，甚至用放大镜放大的方式，使他细微的优点更清晰可见。于是班主任发动全班同学，每个人说出小约翰的优点和长处，然后由小约翰自己一一记在纸上。没想到就这样一张纸片，他一直珍藏在自己的衬衣口袋内，直到生命的最后一刻，让鲜血将它染红。

看了这则故事之后，如果可以将你在别人背后抱怨的话，改成赞美的话，此时，你会发现这个快乐会像一个回力球般弹回你的身边。

在世界上所有的道路中，心与心之间的道路是最难行走的，人人都在追求利益，可他们却找不到通往心灵的方向。其实走进他人的心灵有时又是轻而易举的，路标就是真诚地赞赏他人。

佛罗伦兹·齐格飞是百老汇最有看头的歌舞剧家，具有一种“使美国女孩增添光彩”的超绝能力。好几次，他把原本没有人愿意多看一眼的平凡女孩，变成千娇百媚、风情万种的舞台明星，他深深知道赞美和信心的价值，常用殷勤、体贴打动女士们的心，使她们相信自己确实美丽。他十分看重现实，把歌舞女郎的周薪由 30 美元升到 175 美元；他也很浪漫，首演之夜，必致电给主要明星，还送每个歌舞女郎一大束红蔷薇。

其实，对人的精神鼓舞同每天都需要进食一样重要。

我们会照顾父母，甚至朋友的身体，但是我们可曾照顾过他们的自尊？

我们给他们牛肉、鸡蛋，以使之补充体力，但是，却忽略了感谢他们的言语。这样的言语甚似晨星的美妙音乐，永远在他们的记忆深处歌唱。

我们在日常生活中，常常会忽略赞美他人的美德。当朋友做了第一个蛋糕或做了一只蝈蝈笼时，我们忘了鼓励他们；当朋友告诉你他取得好成绩时，我们也忘了称赞他们。对孩子来说，父母的赞美和关注是最令他们高兴的。

爱默生说过："我遇见的每一个人，或多或少是我的老师，因为我从他们身上学到了东西。"如果这话对爱默生来说是对的，那么对我们则更应如此。让我们尽量去发现别人的优点，然后真诚、慷慨地赞美他们吧！

青少年应该多发现别人的优点，多赞美别人，提升别人的同时，你也得到了提升。

如何赞美别人呢？

1. 动机要真诚

我们赞美一个人，是我们所要赞美的人的确有我们值得赞美的地方，而我们赞美的本身，是对别人的膜拜和钦佩。从动机上讲，需要的是纯真；从态度上看，需要的是诚恳。如果我们不是出于真诚，在印象中给人一种虚情假意，人家会怀疑我们居心不良。

2. 时间上要及时

生活当中，同事、朋友或家人的优点，随时都可能显现。而且，它是出于一个稍纵即逝的运动过程之中，个别时候还犹如昙花一现。所以，一个会赞美别人的人，总是能抓住时机，奉献赞美，赢得对方和在场者的好感，起到一种征服人心的效果。当你下班后走进家门，看见妻子已先到一步，已经为你准备好晚餐，你只要深情地望她一眼，说一句"看到桌上的菜我就饿了"，她一定会心花怒放的。倘若你酒足饭饱之后，才说一句，"你今天回来的真早"，那样的效果，已经是雨后送伞了，她还能感受到你当时就有的那份情么？

3. 程度上要恰当

赞扬对方的关键，是要实事求是，恰当的赞美，是极有分寸感的。

赞扬一个人时，要把握住以下分寸：

首先，内容上要适度。赞扬一个人，不要乱说一气，任意夸大情节，评价失衡，给小人戴大帽子，那样是难以起到赞扬的正面效应的。其次，方式要适宜。人与人是各不相同的。赞扬要因人而异。最后，频率要适中。

4. 内容要巧妙

赞扬的形成，在于一般双方都是面对面的，所以，内容上要具体，对象上要分明，有时尽管不直接涉及你所要赞美的客体，但对方早已心照不宣地知道你所指的是什么了。

善待他人就是善待自己

我们生活在一个快节奏的世界里，大多数人来去匆匆，一心想着要完成的任务。他们往往疏于挤出时间与他们所交往的人谈心。如果你能这样做，并关心重视他们，就会产生很好的效果，你会使他们的人生更有价值，他们也会给你更丰厚的报答。

我们每个人都有一种欲望，即感觉到自己的重要性，这是普通人自我意识的核心。如果你能满足别人心中的这一要求，他们就会对你也抱积极的态度，使别人感到重要的同时，别人也会反过来使你感到重要。因为大多数情况下，你怎样对待别人，别人也会怎样对待你。

有一个让人深省的故事，讲的是一个贫穷的小男孩为了攒够学费，正挨家挨户地推销商品。劳累了一整天的他此时感到十分饥饿，但摸遍全身，却只剩一角钱。怎么办呢？他决定敲下一户人家的门讨口饭吃，当一位漂亮的女孩子打开房门的时候，这个小男孩却有点不知所措了，他没有要饭，只乞求给他一口水喝。这位女孩子看到他很饥饿的容态，就拿了一大杯牛奶给他。

男孩慢慢地喝完牛奶，问道：“我应该付多少钱？”

年轻女子回答道：“一分钱也不用付。妈妈教导我们，施以爱心，不图回报。”

男孩说：“那么，就请接受我由衷的感谢吧！”说完男孩离开了这户人家。

此时，他不仅感到自己浑身是力，而且还看到上帝正朝他点头微笑。

十年之后，那位年轻女子得了一种罕见的病症，当地的医生对此束手无策。最后，她被转到大城市，由专家会诊治疗。当年的那个小男孩如今已是大名鼎鼎的霍华德·凯利医生了，他也参与了医治方案的制订。当看到病历上所写的病人来历时，一个奇怪的念头霎时间闪过他的脑际。他立刻起身直奔病房。

来到病房，凯利医生一眼就认出床上躺着的病人就是那位当年曾帮助过他的恩人。他回到自己的办公室，决心一定要竭尽所能来治好恩人的病。从那天起，他就特别地照顾这个病人。经过他查阅世界各地的医学资料，反复研究治疗方案，手术终于成功了。凯利医生要求把医药费通知单送到他那里，在通知单的旁边，他签了字。

当医药费通知单送到这位特殊的病人手里时，她不敢看，因为她害怕，治病的费用将会花去她的全部积蓄。最后，她还是鼓起勇气，翻开了医药费通知单，旁边的那行小字引起了她的注意，她不禁轻声读了出来：

“医药费——一满杯牛奶。

——霍华德·凯利医生”

你怎么对别人，别人就会怎么对你！

在一个寒冬的夜晚，一对中年夫妇带着个受伤的小孩子到一个小客店来投宿。在这天寒地冻的夜晚，找房是相当困难的。这间小旅店早就客满了。“这已是我们寻找的第十六家旅社了，这鬼天气，到处客满，我们怎么办呢？”这对中年夫妻望着店外阴冷的夜晚发愁地说。

店里的小职员看在眼里急在心里，怕他们被冻坏，便建议说：“如果你们不嫌弃的话，今晚就住在我的床铺上吧，我自己在店堂里打个地铺。”夫妻非常感激，第二天要照店价付客房费，小职员坚决拒绝了。临走时，中年夫妻开玩笑地说：“你将来必能成大器。”

“那是我追求的梦想。谢谢您。”他随口答应着，并坚持送他们一家三口走出很远。

三年后的一天，小职员的柜台上放着一封发自纽约的信函，信中夹有一张往返纽约的双程机票，信中邀请他去拜访当年那对睡他床铺的三口之家。小伙计来到繁华的大都市纽约，中年夫妻把小伙计引到第五大街和三十四街交汇处，指着那儿的一幢摩天大楼说：“这是一座专门为你兴建的星级宾馆，现在我们正式邀请你来当总经理。”

年轻的小伙计因为一次友善的助人行为，实现了自己的梦想，这就是著名的奥斯多利亚大饭店经理乔治·波菲特和他的恩人威廉先生一家的真实故事。

能设身处地为他人着想，了解别人心里想些什么的人，永远是最受欢迎的人。

人际关系的成功与你能否善待别人有很大的关系。一个乐于助人，愿意帮助别人的人，人们都愿意与之交往做朋友，自己也能从中受益。

可是天底下的人们绝大多数只注意自己的需要，不会善待他人，不知道给予别人什么，只提及自己不同的需求。这是多么可悲啊！不错，你注意的当然是自身的需要，但除了你自己，可能再也没有人对你感兴趣了。

善待他人就是善待自己。一个人在帮助别人时，无形之中就已经投资了感情，别人对于你的帮助会永记在心，只要一有机会，他们会主动报答的，这是人际交往中的最好互动。

宽容别人

一个人若能对别人宽容，肯定是受人尊敬和欢迎的。

正如一句话所说："原谅别人，才能释放自己。"借着宽恕，你释放了心牢里的犯人，而那个犯人，可能就是你自己。一旦你能舍得过去的一切，是福也好，是祸也好，让它们如烟消云散般飞去，原谅一切，这将会为你打开新局面。

美国第三任总统杰弗逊与第二任总统亚当斯从反目为仇、恶言以对到宽容友好相处是一个生动的例子。

杰弗逊在就任前夕，到白宫去想告诉亚当斯说，他希望针锋相对的竞选活动并没有破坏他们之间的友谊。但据说杰弗逊还未来得及开口，亚当斯便咆哮起来："是你把我赶走的！是你把我赶走的！"从此两人成为陌路人，直到后来杰弗逊的几个邻居去探访亚当斯，这个坚强的老人仍在诉说那件难堪的事，但接着毫无遮掩地说出："我一直都喜欢杰弗逊，现在仍然喜欢他。"邻居把这话传给了杰弗逊，杰弗逊便请了一个彼此皆熟悉的朋友传话，让亚当斯也知道他的深重友情。后来，亚当斯回了一封信给他，两人从此开始了美国历史上最伟大的书信往来。这个例子告诉我们，宽容是一种可贵的精神，体现了高尚的人格。

宽容意味着理解和通融，是融合人际关系的催化剂，是友谊之桥的紧固剂。宽容还能将敌意化解为友谊。

是啊，口袋里装满了宽容，就会与人方便，与人方便就是与己方便，成功路上的坎坷也就会少一点。而事实上，很多人往往因为一点小小的利益与别人发生矛盾，甚至大打出手，不仅良好的人际关系破坏了，也影响后来的事业。所以，每个人都要时时记住这句话，无论是在日常生活中，还是在工作岗位上，宽以待人，不懈地履行这个信条，对自己的未来是一定会有所帮助的。

父亲死了，家属们从父亲的人寿保险中获得了两万美元。母亲认为这笔遗产会给贫困的家庭带来大转机，希望住进乡间一栋有园子，可种花的房子。

聪明的儿子则想利用这笔钱，去实现念医学院的梦想。

然而女儿提出一个令人难以拒绝的要求：她乞求获得这笔钱，好让她和“朋友”一起开创事业。她告诉家人，这笔钱可以使她们功成名就，并让家人生活好转。她答应只要取得这笔钱,她将补偿家人多年来忍受的贫困。

母亲虽感到不妥，还是把钱交给了女儿。

不难想象，她的“朋友”很快带着钱逃之夭夭。失望的女儿只好带着坏消息，告诉家人未来的理想已被偷窃，美好生活的梦想也成为过去。弟弟用各种难听的话讥讽他，用每一个想得出来的字眼来责骂姐姐，他对姐姐生出无限的鄙视。

当他骂得差不多时，母亲插嘴说：“我曾教你要爱她。”

儿子说：“爱她？她已没有可爱之处了。”

母亲回答：“总有可爱之处的，你若不学会这点，就什么也没学会。你为她掉过泪吗？我不是说为了一家人失去了那笔钱，而是为她，为她所经历的一切及她的遭遇。孩子，你想什么时候最应该去爱他人：当他们把事情做好，让人感到舒畅的时候？若是那样，你还没有学会爱；人应当在他们最消沉，不再信任自己，受尽环境折磨的时候，去爱他！孩子，衡量别人时，要用中肯的态度，要明白他走过了多少高山低谷，才成为这样的人。”

天地间有阴有阳，生活中有欢乐有悲伤。万事万物都不是孤立的，万事万物的相依相伴、相生相克就是宽容。

水宽容了冬的寒冷，就成了立体的冰；烧红的铁宽容了水的肆虐，就会变得更加坚硬。宽容就是身上扎满了荆棘，也要去攀登高峰；宽容就是身上嵌满了弹片，也要去寻求和平。

为了维护良好的人际关系，你的一言一行都要为对方的感受着想，学会安抚对方的心灵，学会在别人面前谦让，不可以使对方产生相形见绌的感觉。与此同时，自己也会因宽容大度有一个极好的心情。

“宽恕为美，淡忘为佳。”这是英国诗人白朗宁说的。

当别人伤害了你时，你应该选择记事而放弃记仇。记事可有前车之鉴，不记仇可以忘忧。

正如“笑弥勒”给人的印象为“大肚能容，了却人间多少事；笑口常开，笑尽天下古今愁！”果真如此，则“眼前一笑皆君子，座下全无碍眼人”了。

宽容犹如冬日过后的春风去融化对方心田的冰雪，变成潺潺细流。一个不懂得宽容别人的人，会显得愚蠢，大概也会苍老得快。因为他是一个不懂得对自己宽容的人，把生命的弦绷得太紧而伤痕累累。

我们生活在一个越来越功利的环境里，但倘若太吝惜自己的私利而不肯为对方退让一步，这样的人最终会无路可走；倘若一味地逞强好胜而不肯接受别人的一丝见解，这样的人最终会陷入世俗的河流中而无以向前；倘若一再地求全责备而不肯宽容别人的一点瑕疵，这样的人最终宛如空中楼阁，随时都有倒塌的可能。

对人宽容应该是由内外因素促成，有的人天生就一副好脾气，而有的人则是在后天的环境中培养出来的。世上大多数人都不能真正做到宽以待人，如何培养宽以待人的品质？提以下三点建议：

1. 容忍接受他人的观点

不要实行独裁的判断，允许并能接受别人的建议和意见，让他们为自己做好策谋。

2. 对伤害了自己的人表示友好

在我们处世的原则中，实行“对事不对人”的信条，对侵犯了自己的人不要过度斤斤计较，用友好的心态去感化他。

3. 发现和承认他人的价值

每个人肯定有他的优点，所以我们在看人时不能以固定的观点去“一叶障目”地审视别人，要以一颗谦虚的心发现和承认他人的价值。

青少年朋友，宽容别人也是在宽容自己，多一个朋友和多一个仇人之间，聪明人都会选择前者！

具备谦虚的品德

在卡耐基看来，真正的谦逊是人类一种最好的德行。因为谦逊的人能心知肚明，他明白他的能力的大小，不足以解决人世间的一切问题，他只能尽自己的力量去做自己分内的事，偶有所得，偶有成就，他绝不夸张，因为他知道他的所得和成就，和过去别人的所得和成就比较起来太渺小，太微不足道。这样谦逊的人才是人类中最高尚、最可钦佩的人。

谁是含蓄谦逊的人，别人就容易去接受他，因为这样的交往才是轻松自如，而且耐人寻味。总听大家说起，有的人“很难同他打交道”，这往往是在交往中的一个障碍。一个平易近人的人很好相处，而且言谈举止都很自然。他会带来一个舒适、愉快、友好的氛围。

富兰克林年轻时，是一个骄傲自大的人，言行傲慢，处处咄咄逼人。造成他这种个性的最大原因，归咎于他的父亲过于宠爱他，从来不对他的这种行为加以指责。倒是他父亲的一位挚友看不过去，有一天，把他唤到面前，用很亲切的言语，规劝他一番。这番规劝，竟使富兰克林从此一改往日的行为，得到众人的尊重，拥有丰富的人脉资源，最终踏上了成功之路！

他父亲的挚友对他说：“富兰克林，你想想看，你那不谦逊的性格，事事都自以为是，结果将使你怎样呢？人家受了你几次这种难堪后，谁也不愿意再听你那一味矜夸骄傲的言论了。你的朋友们将一一躲避你，免得受一肚子冤枉气，这样你从此将不能交到好朋友，也不能从别人那里获得半点知识。何况你现在所知道的事情，老实说，还只是有限得很，根本不管用。”

富兰克林听了这一番话，恍然大悟，深知自己过去的错误，决意从此痛改前非，处世待人处处改用恭敬的态度，言行也变得谦逊委婉，时时表现得很谦逊含蓄。不久，他便从一个被人鄙视、拒绝交往的自负者，成为到处受人欢迎爱戴的人脉高手了。他一生的事业也得力于这次的转变。

如果富兰克林当时没有接受这位长辈的劝勉，仍旧事事一意孤行，说起话来不分大小，不把他人放在眼里，目中无人，那历史上也就会少一位杰出的人物。

谦虚是每个人必备的品德，具有这种品德的人，在待人接物时能温和有礼、平易近人、尊重他人，善于倾听他人的意见和批评，能虚心求教，取长补短。对待自己有自知之明，在成绩面前不居功自傲；在缺点和错误面前不执迷不悟，能主动采取措施进行改正。

这样的人永远可以求得进步，而且很受大家欢迎。

但不幸有这样一些人，他们没有充足的根据就认为自己是杰出的人，还为此自吹自擂。莎士比亚说得好：“人，高傲的人！只要得到一丁点儿权力，就要玩弄阴谋诡计，甚至可以迫使天使哭泣。”

欧洲有一著名格言说：“愈是喜欢受人夸奖的人，愈是没有本领的人。”反之，我们也可以说：“愈是有本领的人，愈是要表现得谦逊。”在与人相处时，要懂得谦虚，不必自吹自擂，那样只会招人白眼、惹人生气，这又何苦呢？

青少年从小就应该明白“谦虚使人进步，骄傲使人落后”的道理。这也意味着，在人际交往中，谦虚使人容易靠近，骄傲使人远离。

含蓄谦逊，是一种巧妙和艺术的沟通方式。在生活中，当我们想表达一种内心强烈愿望，但又觉得难以开口时，不妨借助于“含蓄谦逊”。含蓄谦逊是一种情趣、一种修养、一种韵味。缺少情趣、缺乏修养、没有味道的人，难有含蓄谦逊。

含蓄谦逊是一种魅力。无论在时装设计上，在戏剧故事里，还是在随意交谈中，含蓄谦逊都大有讲究。在某种意义上说，没有含蓄谦逊，就没有美好。

含蓄谦逊能够避免尴尬。运用巧妙的含蓄谦逊，好像什么都没说，实际上什么都说了。

青少年要想促进人际交往，不妨学学怎么谦逊为人。

拥有感恩的心

“滴水之恩必当涌泉相报”。生命是一个相互依存的整体，谁离开谁都是一种伤害。我们应该感谢大自然的恩惠，感谢父母的养育，感谢社会的温暖，感谢花草的芳香，感谢鸟语的动听，感谢苦难的福佑……每个人都应该懂得感恩。

一只狐狸在河边喝水，不小心滑到河里，在河边挣扎、大声呼救。这时正好乌鸦到河边喝水，看见狐狸在挣扎求生，就捡起一根树枝，丢给狐狸，狐狸就这样得救了。

乌鸦早就忘了这件事，但狐狸心存感激，一直想要报答乌鸦，于是就在乌鸦的家附近做窝。

有一天，乌鸦站在树枝上休息，被一个猎人发现了，猎人用猎枪瞄准乌鸦。

看见这种情形，狐狸飞快地扑到猎人身上，在他的身上狠狠咬了一口，猎人疼得惨叫一声，子弹打到天上去了。

乌鸦看到狐狸不顾自己的安危，适时搭救，非常感激，就对狐狸道谢。

狐狸说：“要不是您在河边救了我，我早就被河水淹死了，我这辈子不知道怎么谢您呢！”

又有一天，乌鸦在菜园里觅食，不小心被主人做的陷阱扣住了，它大声呼救。狐狸听见了，就把所有的同伴都叫来，大家齐心合力把扣子咬断，乌鸦就得救了。

乌鸦再度向狐狸道谢，说："您救了我的命，我这辈子不知道怎么谢您呢？"

乌鸦到处宣扬狐狸的好心，它说："狐狸的身体虽小，它的感恩心却是身体的千百万倍！"

感恩不在于多大多小，重要的是这份心。

据《左传·宣公十五年》记载：在公元前594年的7月，秦桓公派大将杜回出兵攻打晋国，晋国也派大军前来迎敌。两国军队后来在晋国的辅氏（就是现在的陕西大荔县）这个地方相遇了，双方发生了大混战，晋将魏颗和秦将杜回厮杀在一起。正在两个人打得难解难分的时候，魏颗忽然发现有一位老人用草编的绳子套住了杜回的马腿，使这位堂堂的秦国大力士从马上摔了下来，并当场被魏颗俘虏，晋国军队因此在这次战争中取得了很大的胜利。

获得胜利之后，所有的人都很高兴。只是魏颗还是感到非常奇怪，那个帮助自己的老人怎么会出现在战场上，又怎么会帮助自己呢？对此，他百思不得其解。

当天夜里，魏颗在梦里又见到了白天帮助自己的老人。魏颗就赶紧向那位老人表示感谢，并请教老人的姓名，老人看了看魏颗，说："我就是你没有让她给你父亲陪葬的女子的父亲。我今天之所以这么做，就是为了报答你对我女儿的大恩大德！"

这时，魏颗才明白是怎么回事。原来，魏颗是晋国大夫魏武子的儿子，当时，贵族都是有很多妻子的，在魏武子众多的妻子中，有一位没有生儿子的爱妾。

在魏武子刚生病的时候，他曾经嘱咐自己的儿子魏颗，说："在我死之后，你一定要把她嫁出去，不要让他和我一起陪葬。"过了不久，魏武子的病越来越重了，有一天，他又对魏颗说："在我死之后，你不要让她改嫁了，还是让她为我殉葬吧。”

魏武子死后，魏颗并没有听从父亲的话，把那位父亲的爱妾杀死陪葬，而是把她嫁给了别人。当有别人不解的时候，魏颗说：“人在病重的时候总是会神志不清的，我之所以把这个女子改嫁出去，是根据父亲神志清醒时的吩咐做的。”

感恩是生活中最大的财富。时常拥有感恩之情，我们便会时刻有报恩之心。有了报恩之心，就会把成就归功于大家，把失误归过于自己；就会把组织的优点告诉大家，把组织的不足告诉领导。牺牲精神便会凝聚在我们体内，当需要舍弃个人英雄主义时，我们坦然面对；在组织困难的时候，甘愿作出自我利益的牺牲；在他人困难的时候，甘愿不计利益提供帮助。

常怀感恩之心，我们便会更加感激和怀念那些有恩于我们却不言回报的每一个人，正是因为他们的存在，我们才有了今天的幸福和喜悦。常怀感恩之心，便会以给予别人更多的帮助和鼓励为最大的快乐，便能对落难或者绝处求生的人们爱心融融地伸出援助之手，而且不求回报。常怀感恩之心，对别人对环境就会少一分挑剔，而多一分欣赏。

感恩之心使我们为自己的过错或罪行发自内心忏悔并主动接受应有的惩罚；感恩之心又足以稀释我们心中狭隘的积怨和怨恨；感恩之心还可以帮助我们度过最大的痛苦和灾难。常怀感恩之心，我们也会逐渐原谅曾和你有过结怨甚至触及你心灵痛处的那些人。常怀感恩之心，我们便能够生活在一个感恩的世界。

感激生育你的人，因为他们使你体验生命。

感激抚养你的人，因为他们使你不断成长。

感激帮助你的人，因为他们使你渡过难关。

感激关怀你的人，因为他们给你温暖。

感激鼓励你的人，因为他们给你力量。

感激教育你的人，因为他们开化你的蒙昧。

感激钟爱你的人，因为他们让你体会爱情的宝贵。

感激伤害你的人，因为他磨炼了你的心志。

感激绊倒你的人，因为他强化了你的双腿。

感激欺骗你的人，因为他增进了你的智慧。

感激藐视你的人，因为他觉醒了你的自尊。

感激遗弃你的人，因为他教会了你该独立。

凡事感激，学会感激。

感激一切使你成长的人！

青少年学会感恩是件好事！

在感恩教育中，青少年最容易接受和理解的就是他们在生活中切实感受到的亲情。然而对于如何感恩父母，他们的认知还比较模糊、零碎，往往缺乏感恩的实际行动。

青少年与父母相处十几年，感动的事情有很多。在“感恩父母”的主题课上，学生们争相述说父母对自己的关爱。有的学生说：“我发高烧的时候，爸爸背着我去了很多医院，急得都哭了。”有的学生说：“我爬山的时候，不小心摔在石头上，昏了过去，爸爸妈妈求医生一定要救救我。”还有的学生说：“上小学的时候，我读书不好，妈妈总是陪我一起看书写字，每天都很累。”

“那么，我们应该如何报答父母呢？”有的学生说：“我要买三室两厅的房子给爸爸妈妈住，我要买轿车带爸爸妈妈去兜风，我要买很多很多的补品给他们吃，我还要……”有的学生说：“我要考出好的成绩，将来找一份好的工作，报答父母的养育之恩……”不少学生认为帮父母倒杯水、打扫卫生等事情太小了，不屑一顾，他们表示长大后要做大事来报答父母的养育之恩。

感恩不需要有多浮夸，愿望是好的，但我们所说的感恩不是说有钱了才能去做，感恩是一种精神的享受，是实实在在的。

人际交往小技巧

如果你想在人际交往中给别人一个好的印象，就应该学会如何去活跃气氛，怎样活跃气氛呢？现在就出招：

1. 以诚相待

在很多人的眼中，欺骗、说谎话是一种有利的勾当。他们以为欺骗的手段是很值得使用的。许多声誉很好的商店，也往往为了掩饰自己的商品的缺点、坏处，而登载各种欺人的广告。有些人甚至以为，在商场上，欺骗与资本同等重要，同等必需。他们的理由是，在言行诚实的同时想要在经营上得到大的成功，实在是很难的。

不为利动，没有私心，在任何情形下都言行诚实——这种美誉，是人际交往中的一笔宝贵的财富。

2. 赞赏并让别人觉得重要

人际交往中还有个极其重要的法则，如果我们遵守这个法则，便可以得到许多友谊和永恒的快乐。但是，如果我们破坏了这个法则，就可能后患无穷。这个法则就是：衷心地赞赏他人，时时让他人感到重要。约翰·杜威说过："人类本质里最深远的驱策力就是：希望具有重要性。"威廉·詹姆士也说过："人类本质中最殷切的需求是：渴望被肯定。"人类的这种需求，使人类有别于其他动物；也正是这种需求，使人类产生了文化。

3. 重信用，赢取信任

除了以诚相待之外，要想赢得人际关系，还应当具备的品质或者说应当遵守的法则是：重信用。只有这样，才可能赢取信任。

一个年轻人如果希望闻名世界、流芳百世，他首先要获得人家对他的信任。一个人如果学会了如何获得他人信任的方法，那么他就可以很好地在人际中生存。

任何人都应该懂得：人格是一生中最重要的资本，而糟蹋自己的信用无异于在拿自己的人格做典当。

罗赛尔·赛奇说："坚守信用是成大事者的最大关键。"个人要想赢得别人的信任，一定要下极大的决心，花费大量的时间，不断努力才能做到。

4. 引发共鸣

成功的社交应是众人畅所欲言，各自都表现出最佳的才能，做出最精彩的表演，最忌一个人唱独角戏，大家当听众。为达到这一目的，就必须寻找能引起大家最广泛共鸣的内容。有共同的感受，彼此间才可各抒己见，互相交流看法，气氛才会热烈。所以，你若是社交活动的主持人，一定要把活动的内容同参加者的好恶、最关心的话题、最擅长的拿手好戏等因素联系起来，以免出现冷场。

5. 夸张般的赞美

和朋友久别重逢见面后不免寒暄一番，你完全可以借此发表一番高论，把每个人的才能、成就、天赋、地位、特长等做一种夸张式的炫耀与渲染，并会让朋友们感到你深深地了解、倾慕他们。这种把人抬得极高，但没有虚伪、奉承之感的介绍，会立即使整个气氛变得异常活跃，友情会加深一层。

6. 寓庄于谐

社交需要庄重，但长时间保持庄重气氛会使人精神紧张。寓庄于谐的交谈方式比较自由，在许多场合都可以使用。用幽默、诙谐的语言，同样可以表达较重要的内容。

7. 给一个无痛苦的伤害

有时候，那些毕恭毕敬的夫妻未必就没有矛盾，而平日吵吵闹闹的恋人可能会更亲热。社交也是如此，若彼此开句玩笑，互相攻击几句，打一拳、给两脚，反倒显得亲密无间、无拘无束。

8. 善意的恶作剧

有分寸地、善意地取笑别人并不是坏事。善意的恶作剧具有出人意料的效果，它能引起众人的欢笑。人们在捧腹大笑之际，超脱了习惯、规则的界限，享受不受束缚的“自由”和解除规矩的“轻松”。

9. 带些小道具

朋友相聚，也许在初次见面时因打不开局面陷于窘境，也许在中间出现冷场。这时，你随身携带的小道具便可发挥作用。一个精致的钥匙链可能引发一大堆话题；一把扇子，既可用来遮阳光，又可在上面题诗作画，也可唤起大家特殊的兴趣。小道具的妙用不可小瞧。

10. 制造悬念

在相声里，悬念是相声大师的“包袱”。有意制造悬念，会使人更加关注你的一举一动。当大家精力集中、全神贯注时抖开“包袱”，人们发觉这是一场虚惊，都会付之一笑，报以掌声。

11. 怪问怪答

交谈中，不时穿插一些意想不到的、貌似荒谬而实则有意义的问题，是一种很好的活跃气氛的形式。那些一本正经的人会给人古板、单调、乏味的感觉。也许会有人时常问你一些荒谬的问题，如果你直斥对方荒谬，或不屑一顾，不仅会破坏交谈气氛、人际关系，而且会被人认为缺乏幽默感。

12. 耐一时

忍耐，不是懦弱的表示；忍耐，是勇者的象征。一个人能够忍耐一时，坚持下去，纵使有一时的不如意，也终将成为过去，逆境也能转为顺境。

13. 忍一句

古德说：“喜时之言多失信，怒时之言多失礼。”一个人在盛怒时所说的话，容易伤害别人，也容易造成摩擦。所以，如果我们能忍一时之气，就不会造成无谓的纷争。

14. 退一步

人生的旅途上，能退一步想，海阔天空。凡事退一点，留给别人一点余地，也是自己的一种修养。

15. 饶一着

禅家有首偈语说:“何必争强来斗胜，百千浑是戏文场;顷刻一声锣鼓歇，不知何处是家乡。”在人生的舞台上没有什么值得争强好胜的，有时候让人一步就是自己的胜利，所以你要有“得饶人处且饶人”的涵养与心量。

打造完美的人际关系

人际关系需要维护与和谐，没有和谐的人际关系你怎能无忧无虑的去办事，所以人际交往要时时注意和谐，下面介绍几点准则:

1. 面带微笑

笑是每个人不花任何代价随时都可以显现出来的。微笑是祥和的花絮、友善的信号,也是一种宝贵的精神财富。在彼此相交中,能够给人一个温馨、善意的微笑，可以给你带来意想不到的快乐。

2. 以诚相待

俗话说:“诚实无欺，做人根基。”离开了真诚，则无所谓友谊可言。一个真诚的心声，往往能唤起一大群真诚人的共鸣。以诚相待是现代人处世交往的重要原则，只有说真话、办实事，才能优化你的人格形象。

3. 热情主动

在社交中，冷漠、敷衍、搪塞的态度，只能让人反感，加大心理距离。只有热情主动，友谊的甘露才会滋润人们的心田，结出丰硕的友谊之果。

4. 不嘲笑人

人各有所长，也各有所短。在与人相处中，切忌随意拿别人的短处或缺陷开心，嘲笑别人。一个不尊重他人、随意伤害他人人格的人，实质上是对自己极大的不尊重，是对自己人格的毁灭。即使别人由于自己的过失处在窘境之中，也要给别人面子，让他有台阶下，主动帮助他缓解尴尬的局面。

5. 一视同仁

在现实生活中，常常有些人见到比自己强的人就巴结，见到比自己弱的人就欺凌，这种奴性意识令人生厌。与人相处，无论地位高低、穷富，都应一视同仁，平等相待，这是一个人成就大事、受人拥戴的显著特征。

6. 换位思考

如果你对自己说："如果我处在他的情况下，我会有什么感觉，有什么反应？"那你就会节省不少时间及少了很多苦恼，因为"若对原因发生兴趣，我们就不太会对结果不喜欢"。除此以外，这也将大大增加你在做人处世上的技巧。

在你表现出你认为别人的观念和感觉与你自己的观念和感觉一样重要的时候，谈话才会有融洽的气氛。在开始谈话的时候，要让对方提出谈话的目的或方向。如果你是听者，你要以你所要听到的是什么来要求你所说的话；如果对方是听者，你接受他的观念将会鼓励他打开心胸来接受你的观念。

如果你想改变人们的看法，而不伤害对方的感情或引起憎恨，请遵循这条规则：试着诚实地从他人的立场来看事情。

7. 要做一个平易近人的人

和别人打交道要轻松自如。也就是说，在别人和你打交道的时候，不要让人有一种紧张感。一个平易近人的人很好相处，而且言谈举止都很自然。他会营造一种舒适、愉快、友好的氛围。一个表情僵硬、冷漠、毫无反应的人，是难以融入一个集体之中的，而他往往是一个桀骜不驯的、不合群的人。

8. 善解人意，体贴别人

一个体贴别人的人，总是设身处地为别人着想，不让别人紧张、拘束，更不会让别人尴尬难堪。

胡适在这方面就堪称表率。胡适的弟子、历史学家罗尔纲指出：一生得胡适这样的老师，真可谓足以慰平生了。

罗尔纲是一个出身贫寒的青年，最初到胡适家帮工，担任抄写员。面对胡适家中满座的名流，罗尔纲对比自己卑微的地位，不免产生自卑心理。善解人意的胡适充分考虑到了这点，罗尔纲回忆道：

“每逢我遇到他的客人时，他把我介绍后，随口便把我夸奖一两句，使客人不致太忽略这个无名的青年人，我也不至于太自惭渺小。有时遇到师家有特别的宴会，他便预先通知他的堂弟胡成之先生，到了他宴客的那天把我请去做客，叫我高高兴兴地也做了一天客。适之师爱护一个青年人的自尊心，不让他发生变态的心理，竟体贴到了这个地步，叫我一想起就感激到流起热泪来。”

9. 尊重别人，让别人喜欢你

你尊重别人，别人也会尊重你；你喜欢别人，别人也会喜欢你。让别人喜欢你，实际上，这就是你喜欢别人的另一个方面。美国著名学者威尔·罗杰斯曾经说过一句很有名的话：“我从没遇到一个我不喜欢的人。”这句话或许有一点夸张，但这对威尔·罗杰斯来说并不为过。这是他对人们的感觉，正因为如此，人们也都对他敞开心怀，就像花儿对太阳敞开心怀一样。

当然，有时也会因为彼此意见不同，使得你喜欢某个人格外的困难。这是很自然的事。有的人生性就比别人更惹人喜爱。但是，我们知道，每一个人确实都有他值得尊重、甚至可爱的品性。

在人际交往中尊重别人的人格是和谐人际交往的一个重要因素。

10. 委婉地提出批评

当面指责别人，只会招致对方的厌恶；而巧妙地暗示对方注意自身的错误，则会受人喜爱。

若要不惹他人发火而又起到批评的作用，只要换两个字，就会产生不同的结果。很多人在开始批评之前，都先真诚地赞美对方，然后接一句“但是”，再开始批评。例如，要改变一个孩子读书不专心的态度，我们可能会这么说：“乔治，我们真以你为荣，你这学期成绩进步了。但是，假如你代数再努力点的话，就更好了。”

在这个例子里，乔治可能在听到“但是”之前，感觉很高兴，马上，他会怀疑这个赞许的可信度。对他而言，这个赞许只是要批评他失败的一条设计好的诱饵而已。可信度遭到曲解，我们也许就无法实现我们要改变他学习态度的目标。

这个问题只要把“但是”改变为“而且”，就能轻易地解决了。“我们真以你为荣，约翰，你这学期成绩进步了，而且只要你下学期继续用功，你的代数成绩就会比别人高了。”

要改变一个人而不伤感情，不引起憎恨，请按照这条准则去做：间接地提醒他人注意他自己的错误。

11. 不讨厌那些曾经公开地与你争论或批评你的人。

12. 不随便拒绝人，也不随便答应人。不许愿，不吊人家胃口，不在无谓的事情上炫耀自己的实力。

13. 绝对不布置安排人去搜集旁人背后说了你一些什么。

14. 不急于表现自己，也不急于纠正旁人，再听一听，再看一看，再琢磨琢磨。

15. 绝对不接受煽动，不接受挑拨，绝对不因 A 的煽动而与 B 为敌，也不因 B 的煽动而向着 A 冲去。

16. 对某人某事感到意外时，先从好处想想，可能他做这件事是为了帮助你，至少客观上对你无损，而千万不要立即以敌意设想旁人。

17. 寻找结合点、契合点，而不是只盯着矛盾、分歧

永远安详坦然，心平气和，视分歧为平常，视不同意见的人为现实的诤友或候补诤友，而不是小气鬼般地一见到意见不一的人就如坐针毡，脸上红一阵白一阵。

18. 永远不从个人利害的角度谈论与思考问题，永远不“我、我、我”地与人争论，不要搞“狗屎化”、个人化。

19. 绝对不在公开场合，尤其不能在自己的权力影响范围内，利用自己的权力或者影响召集一些人大谈旁人说了你什么，那样做等于拆自己的台。

交往中要注意的问题

世界上的人是形形色色的，所以你的交往习惯可能适应这个人却不能适应那个人，但大体需要注意的一些禁忌还是一样的：

1. 忌言谈举止轻浮

与人交往时，语言要文明，举止要礼貌，说话有条理，言简意赅。别人谈话时，要虚心倾听，不打断对方谈话，不做心烦意乱的动作，不搔首、抓腮、挖耳、抠鼻、剪指甲、跷着二郎腿等，更不要随便翻阅别人的东西。

2. 忌分等级待人

对别人一视同仁，不卑不亢，不论对方地位高低，资历深浅，条件优劣，自己都要热情谦虚，既不巴结讨好，也不傲慢自居。

3. 忌自以为“什么都懂”

对不知道的事不说，别人不了解的也不要牵强附会、东拉西扯，让对方反感，交往必然失败。

4. 忌过分打扮

与人交往时，衣着要与身份相符，整洁大方。当然，也要考虑被交往对象的生活习惯。如不修边幅或过分修饰，难免使对方产生误解或给人一种浮华轻薄、华而不实的感觉。

5. 忌随便误解对方

对别人谈论的事，要正确理解。如果是出于无心，就不要过于认真，想入非非，甚至造成误解，使人感到不雅。

6. 忌花言巧语，虚伪客套

在交往中，态度要诚恳，实事求是，讲心里话，不用虚伪的客套话骗人。当然，讲话也要注意分寸。

7. 忌显示自己有恩于人

在交往中，不要多谈自己的好处，不要认为自己足够对得起人家，别人太对不起自己了。应该常提受人恩德的事，使对方心中也感到舒服。

8. 忌了解自己不应该知道的事情

在交谈中，不可多嘴多舌，贸然打听别人的秘密或对方难以启齿的事情，使对方受窘。忌有意无意揭穿他人的秘密。

9. 忌幽默过度

朋友之间，熟人之间开开玩笑是免不了的。它不但可以活跃气氛，融洽关系，增进友谊，还可以使开玩笑的人具有幽默感。但是，凡事都有个“度”,超越了这个“度”,不但达不到预想的目的,还会弄巧成拙,适得其反，开玩笑也是如此。

开玩笑的“度”，没有固定的衡量标准。它是因人、因时、因环境、因内容而定。具体如下：

要看对象。由于人的性格、秉性各不相同，使得他们的承受能力也有所不同。有的人开朗活泼，有的人寡言少语，也有的人生性多疑。因此，同样的玩笑对有的人可以开，对有的人就不能开。

要看时间。同一个人，在不同的时间里会有不同的心境和情绪。有时情绪好，有时情绪低落。同样一句玩笑，在对方心情开朗时，他不会计较，而当他心情坏时，就可能耿耿于怀。因此，开玩笑最好选择在大家心情都比较舒畅时。

开玩笑还要看场合和环境。一般来说，在安静的环境中，在庄重、紧张的场合，在悲哀的环境中，不应该开玩笑；在大庭广众之下，应少开或不开玩笑。

要看内容。开玩笑要讲究内容健康高雅，注意情调。

10. 忌随便发怒

喜怒哀乐，本是人之常情，也是人的内心世界的真实表现。俗话说“气大伤身”，发怒者会给自己的身体带来不良的影响自不必说，还要影响发怒者的自身形象。因为人们常会认为发怒者缺乏修养，不宜深交。

那么怎样才能克制自己少发怒甚至不发怒呢？主要应做到以下两方面：第一，遇事冷静思考；第二，多为他人着想。

11. 忌口出恶语

俗语说：“良言一句三冬暖，恶语伤人六月寒。”在社交活动中应极力避免恶语的出现。语言本是人们交流思想、传递信息和沟通情感的工具，但恶语却是损害别人尊严，刺痛别人神经和破坏相互关系的祸根，是社交之大忌。但是，只要我们每个人都从我做起，不断提高自身素质和修养，注意语言美，充分认识到尊重别人，就是尊重自己，伤害和侮辱他人的同时也贬低了自己，那么，在社会交往中就不会出现恶语伤人之事了。

12. 忌搬弄是非

所谓飞短流长，意思就是说长道短，评论他人的好坏是非。这同样是社交之大忌。常言道，人与人交往贵在真诚，要以诚相见。那种当面是人背后做鬼，私下议论别人是非的做法，是不利团结的，而且会伤害朋友之间的感情，最终使你失去朋友。

对朋友的过失不能幸灾乐祸。人非圣贤，孰能无过！一个人在工作和生活中出现差错和过失是在所难免的。对待朋友的错误不能熟视无睹，更不应幸灾乐祸，而应积极相助，指点迷津。这才称得上是真正的朋友。只有这样的人在社会交往中才会赢得朋友的信赖，交到更多更好的朋友。

13. 忌言而无信

社会交往中，信用二字至关重要。自古就有“一诺千金，一言百系”，“一言既出，驷马难追”的说法。因此，要让别人相信你，尊重你，你就必须要言而有信。

古人云：“人无信，不可交。”如果言而无信，在社交场合中就不会有自己真正的朋友。

检测你的社交能力

下面一共有20个问题，你可以选择“是”“有时”或“否”来回答。操作方法：

前10个问题答“是”加2分，答“有时”得1分，答“否”得0分。后10个问题答“是”加0分，答“有时”得1分，答“否”得2分。最后计算总分。

1. 突然之间得到了初恋情人的消息，是不是会马上和他 / 她联系？

是（　）否（　）有时（　）

2. 你急着要赴约会，可是在半路上碰到了一个多年不见的老同学或者朋友，拉住你要聊天，你是不是会宁愿迟到也要和他多聊几句？

是（　）否（　）有时（　）

3. 有没有在学校或公司的活动中做过主持人？

是（　）否（　）有时（　）

4. 参加某次派对或者宴请，大家都不太熟悉，餐桌上很沉闷，你会主动挑起一个话题吗？

是（　）否（　）有时（　）

5. 你每天打的电话超过10个吗？

是（　）否（　）有时（　）

6. 一个人坐长途车，你能很自然地和邻座聊天吗？

是（　）否（　）有时（　）

7. 每周超过两次和同学、朋友或同事共进晚餐吗？

是（　）否（　）有时（　）

8. 别人给你的 E-mail 你每次都回复吗？

是（ ）否（ ）有时（ ）

9. 逛街购物每次都要叫上别人一起去吗？

是（ ）否（ ）有时（ ）

10. 别人经常说你的语速很快吗？

是（ ）否（ ）有时（ ）

前 10 题总分——（ ）

11. 和领导交谈以后，你会不会试图回忆每一个细节，以便发现自己有没有说错什么？

是（ ）否（ ）有时（ ）

12. 明天你要参加一个重要的面试，你是不是会因此而失眠？

是（ ）否（ ）有时（ ）

13. 参加重要活动前，是不是比平时更频繁地上厕所？

是（ ）否（ ）有时（ ）

14. 在公开发言的时候，开头的几句话是不是很紧张，甚至语音颤抖呢？

是（ ）否（ ）有时（ ）

15. 在参加自己感兴趣的讨论时，是不是几次想开口表达自己的意见，但总是找不到好的时机，以至于还没有开口说话，讨论就已经结束了？

是（ ）否（ ）有时（ ）

16. 碰到一个过去的要好同学或要好朋友，是不是简单问候以后就没话可说了？

是（ ）否（ ）有时（ ）

17. 和家人沟通时，常常因为表达不清而遭人误解吗？

是（ ）否（ ）有时（ ）

18. 和年轻异性说话时，会脸红吗？

是（ ）否（ ）有时（ ）

19. 觉得出门不带手机和通讯录也没有什么关系吗？

是（ ）否（ ）有时（ ）

20. 每天看电视或泡在网上的时间超过两小时吗?

是（　）否（　）有时（　）

后10题总分——（　）

总分（　）

结果分析:

30～40分:

在人际交往中，你热情洋溢，性格开朗，口齿伶俐，人缘极好，是一个天生的外交家。在与陌生人交往时你从容、大方，容易吸引人们的注意。因此，在那些陌生的环境里，你可以很快进入他们的圈子，并且与很多人成为朋友，总是能得到最新的消息，成为各种人际圈子里的重要人物。

每一次朋友聚会，你都是不可或缺的人物，离开了你各种活动都会逊色不少。但你投入在社交活动中的精力和时间过多了一点，这使你失去了不少和亲人或者亲密朋友之间的情感交流，同时你会觉得时间总是不够用，不能充分地阅读、娱乐和休息，而且经常不能做自己喜欢的事。要知道，一个具有影响力的青年人，高水平的交际能力只是其中一个较为重要的因素而已。

18～30分:

你做事情很有原则，说和做的关系处理得比较好，什么时候该说，什么时候该做，你心里十分清楚，因此深受别人信赖。在公共场合，你说话或者行动有些紧张，但这是一般人的毛病。不过，适度的紧张反而能使你准备充分、精神集中，把事情做得更好。你的朋友并不是很多，但有几个知心的朋友。你的话并不是很多，和朋友交往的时候虽不能舌吐莲花，但有时能一鸣惊人。在社交活动中，你虽不是一个举足轻重的人物，但缺了你，会有很多人关心你的去向。

8～18分:

你是一个平凡的人，交际生活也比较平淡。可能认为家人最重要，家里是最让人舒服的地方。只有一两个要好的朋友，平时的应酬也很少。相信权威，认为他们做的肯定要比自己好，所以很少公开表达自己的意见，同时也不会拒绝别人的无理要求，有时候难免被别人欺负。你很少参加聚会，偶尔参加几次，大多也是被自己的要好朋友拉着去的。很有可能是一个追星族。

0 ~ 8分：

你是一个沉默寡言的人，喜欢独处，周末可以一个人在家里待上一天。几乎没有朋友，厌恶参加社交活动。家里人看不惯你，你也懒得和他们解释，就是解释恐怕也解释不清。喜欢技术性的东西，有可能从事技术性工作，也许沉溺于虚拟的网络世界，经常把大把的时间用在网络游戏上。你的口才不好，在公开场合更显得紧张，一开口经常结结巴巴甚至颠三倒四。

第九章

责任感会使一个人变得强大

把小事做好

很多年前，英格兰有个国王叫阿尔福雷德，他是一个精明而又有正义感的人，是英国历史上最了不起的国王之一。直到几个世纪后的今天，他还被称作阿尔福雷德大帝而广为人知。

阿尔福雷德统治时期的英格兰形势复杂，国家受到凶猛的丹麦人的入侵。丹麦人跨过海洋前来进犯。丹麦入侵者如潮涌来，他们个个剽悍勇猛，很长时间几乎百战百胜。如果他们继续势不可挡，将会征服整个英国。

最终，经过数次战役，阿尔福雷德王的英格兰军队溃不成军。每个人，包括阿尔福雷德，都只能设法逃生。阿尔福雷德乔装打扮为一个牧羊人，只身逃走，穿过森林和沼泽。

经过几天漫无目的的游荡，他来到一个伐木工的小屋。饥寒交迫的他敲开房门，乞求伐木工的妻子给点儿吃的东西并借宿一晚。女人同情地看着这位衣衫褴褛的男人，她不知道他是谁。“请进，”她说，“你给我看着炉子上的蛋糕，我会供你晚餐的。我现在出去挤牛奶，你好好看着，等我回来，可别让蛋糕煳了。”阿尔福雷德礼貌地道了谢，坐在火炉旁边。他努力把精力集中到蛋糕上，可是不一会儿，他的烦心事就充满了脑子。怎样重整军队？重整旗鼓后又怎样去迎战丹麦人？他越想越觉得前途渺茫，开始认为继续战斗也将无济于事，阿尔福雷德只顾想自己的问题，他忘了自己是在伐木工的屋子里，忘了饥饿，忘了炉子上的蛋糕。过了一会儿，女人回来了，她发现小屋里烟熏火燎，蛋糕已经烤成焦炭。阿尔福雷德坐在炉边，目光盯着炉火，他根本就没注意到蛋糕已经烤焦。

“你这个懒鬼，窝囊废！”女人叫道，“看看你干的好事。你想吃东西，可你袖手旁观！好了，现在谁也别想吃晚餐了！”阿尔福雷德只是羞愧地低着头。这时，伐木工回来了。他一进家门就注意到这个坐在炉边的陌生人。“住嘴！”他告诉妻子，“你知道你在责骂谁吗？他就是我们伟大的国王阿尔福雷德！”女人惊呆了，她跑到国王面前急忙跪下，请求国王原谅她如此粗鲁。但是明智的国王请女人站了起来。“你责怪我是应该的，”他说，“我答应你看着蛋糕，可蛋糕还是烤煳了，我该受惩罚。任何人做事，无论大小都应该认真负责。这次我没做好，但此类事情不会再有了，我的职责是做好国王。”没过多久，阿尔福雷德就重整自己的军队，把丹麦人赶出了英格兰。

无论你是谁，你有多大的权威、多高的地位，如果连小事都做不好的人怎么去承担更大的责任呢？

责任的培养绝不能忽视这样的小事。

青少年如何从日常生活做起呢？

1. 父母做好榜样

青少年的责任心需要父母言传身教从小培养。

世界著名化学家、炸药的发明者艾尔弗雷德·诺贝尔对社会责任感就是来自于父亲的言传身教。诺贝尔的父亲老诺贝尔对研制炸药特别感兴趣。

一次，诺贝尔问父亲：“炸药是伤人的可怕东西，为什么还要研制它？”老诺贝尔这样回答孩子说：“虽然炸药会伤人，但是，我们要用炸药来开凿矿山、采集石头、修筑公路、铁路、水坝，为人民造福。”听了父亲的话，诺贝尔接着说：“我长大了，也要研制炸药，用它造福人类。”可见，父亲的责任感、事业心对诺贝尔的影响很大。

教育家陶行知说：“我要儿子自立立人，我自己就得自立立人。我要儿子自助助人，我自己就得自助助人。”同样，要培养子女的责任感、事业心，家长要敬业爱岗，有强烈的责任感、事业心，因为父母是子女的第一位启蒙教师。订立责任合同，让孩子明白该做什么、怎样做，否则将会受到哪些惩罚。

孩子做事往往是凭兴趣的，要让孩子对某件事负责到底，必须清楚告诉他做事的要求，并且与处罚联系在一起。这样，孩子才知道一个人是要对自己的行为负责的。

2. 让青少年自己处理自己的事情

现在，许多家长都非常重视孩子的学习，一味的只要求孩子学习成绩好，其他什么都不让孩子去碰、去做。长此以往，孩子就出现严重的依赖心理。所以，家长们在注重孩子学习的同时，也应重视孩子其他能力和素质的培养。

平时，在家中应让孩子练习做自己能做的事情，如洗手帕、袜子、整理自己的小房间等。刚开始，家长可与孩子一起做，让孩子当助手，分派给他一些简单的很快就能做完的小事，让孩子从中体验到一点成功的快乐。

接着家长应有意识地将自己和孩子的角色慢慢互换过来，让孩子看到自己的能力，看到自己在家庭中的地位和价值，从而意识到自己是家庭中的一员，有义务为家中分担一些力所能及的事。

3. 培养青少年的承受能力

青少年在刚开始尝试做些力所能及的事时，往往会遇到一些失败。

此时，如果家长说："哎，说你不会，你不信，以后别再做了。"就会大大打消青少年的积极性，他会认为自己不行而产生自卑感，没有勇气再做第二次尝试。如果家长说："没关系，一次不行再试一次，你一定会做好的。"这样就好比给孩子注入了一剂"强心剂"，青少年有了承受失败的勇气，也就有了第二次尝试的胆量，最后就一定能体验到成功的喜悦。

所以，当孩子遇到失败时，家长应给予孩子勇气去承受，帮助孩子分析失败的原因，鼓励孩子再次尝试，而不是容许他遇难而退。

4. 让青少年体验成功的滋味

当青少年通过努力取得了一定的成绩时，家长要给予积极肯定，因为任何成绩都是在克服困难的基础上取得的。家长的表扬与肯定会让青少年体验到成功的喜悦，树立自信心，增强其成功感和自豪感，使孩子明白自己能做很多的事、自己应该做很多事并且能做得很好。

同时，父母要教育孩子帮助别人，因为每个人都有需要别人帮助的时候。孩子有麻烦的时候，往往需要他人的帮助，同样，当别人遇到困难时，也需要孩子伸出援手，提供帮助。当孩子感受到被帮助人的感激之情时，孩子会体验到自身的价值，提高责任感。

5. 让孩子对自己的责任心引以为荣

有位 10 岁的小女孩，负责倒家中的垃圾已经 5 年了。在她 5 岁那年，她突然对倒垃圾产生了兴趣，一听到收垃圾车的铃声就提着垃圾桶去倒。父母为了支持她参加家务劳动，对她倒垃圾的事予以表扬，夸她能干，还经常在外人面前称赞她。这样就激发了孩子主动倒垃圾的自豪感。

做事是一个人活在世上的关键。能否有条不紊地做事情是青少年在生活中重要的能力。不会做小事的人，也做不出大事来。做事的习惯就是要培养青少年适应劳动世界变化的综合能力。

有担当的精神

人在生活中，总要扮演各种各样的角色，承担各种各样的责任。我们只有承担起自己的责任，社会才会有秩有序，生活才会和谐美好！

站在历史的海岸，漫溯那一道道历史沟渠，我们看到：范仲淹“先天下之忧而忧，后天下之乐而乐”，以天下人之幸福安康为己任，所以范仲淹名垂青史；辛弃疾“醉里挑灯看剑，梦回吹角连营”，以国家之安定团结为己任，所以辛弃疾流芳百世；林则徐“苟利国家生死以，岂因祸福避趋之”，以社稷之安宁为己任，所以林则徐成为一代英雄。正是有了这些效忠尽责的人，我们的民族才得以延续，人民的幸福才得到保证。

古人用自己的方式承担着自己的责任，那么作为一个新时期的人，我们应该承担怎样的责任呢？作为父母的孩子，我们要用爱去回报父母的养育之恩，这是我们对父母的责任；作为地球儿女，我们要用仁爱对待每一个生命，这是我们对大自然的责任……责任无大小之分，无轻重之分，所有的责任都同样有意义，同样需要人们去承担。只有承担起自己的责任，人才能扮演好各种各样的角色。也只有勇敢地承担责任，生命才有了和谐美好的精神意义。

许多人都在为我们做着表率，告诉我们责任的意义。晋文公的法官李离，他的下属错误判断，枉杀好人，他自己却伏剑而死，他说“理有法，失刑则刑，失死则死”。面对珍贵的生命，他选择了承担起自己的责任，虽然他魂归普陀，但他无畏的精神，无与伦比的责任心，与日月齐辉，与天地共存。责任，高于生命而存在！

面对大厦前飘扬的各国国旗的一个小姑娘作出了自己的选择，她来到会议责任人面前缓缓地说：“为什么没有中国的国旗？一定要升起中国的国旗，因为我在这儿！”她用极其舒缓的语调表达着中国人最炽热的爱国心，责任感！因为她知道爱国是每个中国人的责任，每个炎黄子孙应尽的责任，国家荣辱，是每一个人的责任。

高震东老师说：“天下兴亡，我的责任。”我们要肩负起祖国荣辱，祖国强盛的责任，首先就必须担负起自己的责任，行孝重贤从扫屋起于点点滴滴中铸灵魂，让自己成为一个高素质的人，一个有责任心的人！

勇敢的承担起自己肩上的责任，生命的平台才会越建越高，人生才会更有意义！

许微和秦红新到一家速递公司，被分为工作搭档，然而一件事却改变了两个人的命运。

一次，许微和秦红负责运送一件昂贵的古董。在交货码头，许微把邮件递给秦红的时候，秦红却没接住，古董掉在地上摔碎了。

秦红趁着许微不注意，偷偷来到老板办公室对老板说：“这不是我的错，是许微不小心弄坏的。”随后，老板把秦红叫到了办公室。“许微，到底怎么回事？”秦红就把事情的原委告诉了老板，最后许微说：“这件事情是我们的失职，我愿意承担责任。”

后来，老板把许微和秦红叫到了办公室，对他俩说："其实，古董的主人已经看见了你俩在递接古董时的动作，他跟我说了他看见的事实。我也看到了问题出现后你们两个人的反应。我决定，许微留下继续工作，用你赚的钱来偿还客户。秦红，明天你不用来工作了。"

人们往往对于承认错误和担负责任怀有恐惧感。因为承认错误、担负责任往往会与接受惩罚相联系。有些不负责任的员工在出现问题时，首先把问题归罪于外界或者他人，总是寻找各式各样的理由和借口来为自己开脱。

在很多管理者看来，这些都是无理的借口，并不能掩盖已经出现的问题，也不会减轻要承担的责任，更不会让你把责任推掉。

美国西点军校认为：没有责任感的军官不是合格的军官，没有责任感的员工不是优秀的员工，没有责任感的公民不是好公民。缺乏责任感难免会失职，员工与其为自己的失职找寻借口，倒不如坦率地承认自己的失职。敷衍塞责，找借口为自己开脱，会让老板觉得你不但缺乏责任感，而且还不愿意承担责任。

没有谁能做得到尽善尽美，但是，一个主动承认错误的人至少是勇敢的，如何对待已经出现的问题，能看出一个人是否能够勇于承担责任。

恪守信誉，说到做到

君子一言既出，驷马难追；言必信，行必果，这是做人的大学问。

李白曾在他的《长干行》一诗中写过这么两句："长存抱柱信，岂上望夫台。"所谓"抱柱信"是说一个叫尾生的男子和一个淑女一天在桥下约会，到约会的时候，女子还没来，河里就开始涨水了。尾生为了不失信用，宁可抱着桥柱都不走，直至被水淹死。所谓“望夫台”是说丈夫在外，约定某年某月归来，但是没有实现诺言，妻子总是站在台上望着丈夫归来。这些典故都是倡导人们要恪守信誉，说到做到。

1969 年 8 月 15 日，在北大荒，为了抢救落入洪水中的国家财产——150 根电线杆，上海知青金训华和陈健跳入洪水中，奋不顾身游向电线杆。当营救他们的船开来，陈健抓住船身，却因筋疲力尽，手被洪水打松，离开了船身，在这关键时刻，是金训华在后面使劲推了他一把，而自己却永远失去了最宝贵的生命。那一年，金训华和陈健都 19 岁。陈健自此许下诺言，他发誓要永远留在北大荒，为金训华守一辈子墓地。他说了，也这样做了。尽管他要面临所有知青大返城之后的孤独，但是他无怨无悔。许多人都好心地劝他回上海，他摇头说不，他对金训华许了一个诺言，他得做到。

36 年来，陈健当过农民、建筑工人、门卫和林业检查员，直至退休，生活一直都很清贫，所幸的是，他的妻子晁亚珍一直理解并陪伴着他，和他一起守候着那位长眠于地下的烈士。

然而不幸的是，就在陈健准备安享晚年的时候，不幸再次光顾了他。今年初，他 49 岁的妻子在医院检查时被诊断出患有尿毒症，无论透析还是换肾，都需要一笔巨额的医疗费用，这对领着微薄退休金的陈健和已经下岗的妻子来说，无疑是一个天文数字。

对于陈健说，这么多年来，正是妻子默默无闻的理解、帮助和支持，才让他一直顺利地坚守着自己的诺言。陈健说，他无论如何一定要将妻子的病治好。因为他和妻子还要一起继续为金训华守墓，而且他们之间还有一个共同的心愿没有完成，那就是把战友金训华已经风化的水泥墓碑换成大理石墓碑。

当陈健守诺 36 年的事迹在中央电视台《感动中国》栏目中播出以后，在社会上引起强烈反响，许多观众都被陈健的执着和真情深深地打动，纷纷表示愿意出资为陈健的妻子做换肾手术，帮助陈健实现心愿。

在所有好心人的帮助下，陈健的两个心愿终于得以实现，陈健说，他根本没有想到，自己的诺言竟然感动了那么多人，而这句一守 36 年的诺言也让他感受到了那么多的关爱。

言必信，行必果，不但是对他人的尊重，更是对自己的尊重。当朋友托我们为他办事时，我们要提供帮助是在情理之中。但是，办事要量力而行，不要做“言过其实”的许诺，说话要把握分寸。因为，诺言能否兑现除了个人努力的问题，还有一个客观条件的限制。平时可以办到的事，由于客观环境变化了，一时又办不到，这种情形是常有的事。因此我们在朋友面前不要随意地许诺，更不能明知办不到的事还打肿脸充胖子，在朋友面前逞能，许下“失信”的“轻诺”。当你无法兑现诺言时，不仅得不到朋友的信任，还会失去更多的朋友。

守诺对守诺者来说是一生的意义。毁诺者先毁的是诺言，后毁的是自己；守诺者先守的是诺言，后守的是自己。对于一个人，要重视他最初的诺言；对于一个诺言，要重视诺言的最初。不要认为诺言是特定年代里的一种虚妄的交代。没有守诺，我们就会变得不被信任，人际关系也会因此而冷漠。

在我们这个亟须诚信的社会中，诺言，不仅仅是一句话，也不仅仅动辄就永远，而是脚踏实地地去履行、去实现。诺言可以换得感动。只说不干的诺言可以换得一时的感动；说到做到的诺言可以换得长久的感动；只干不说的诺言可以换得刻骨铭心的感动。

青少年朋友，承诺的力量是强大的，对朋友许诺一定要量力而行，因为一诺值千金。守信是一种义务！

谨记做人忠诚的原则

一个真诚的人，不仅说话做事不搞欺骗，而且他还具备做人的最高境界——忠诚。

越来越精明的现代人，穿行在钢筋水泥构架的都市马路上，常常在不经意中忽视了做人忠诚的规则。有的人或见利忘义、因小失大，或目光短浅、斤斤计较，或尔虞我诈、欺来骗往，从而上演了一幕幕违背良心、令人痛心疾首的悲剧。

忠诚在做人问题上是有生命力的。

青少年应该用好自身资本，在这个生产力上多创效益。

岳飞是南宋名将。岳飞小时候家里非常穷，母亲用树枝在沙上写字教导他，还鼓励他好好锻炼身体。后来岳飞勤奋好学，并练了一身好武艺，成为文武双全的人才。

当时，在北方的金兵，常常攻打中原。母亲又鼓励他报效国家，在他要去从军之前，他的母亲在他背上刺了“精忠报国”四个大字。孝顺的岳飞不敢忘记母亲的教训，那四个字成为岳飞终生遵奉的信条。

岳飞每战必胜，立了很多功劳，名声传遍了大江南北。岳飞建立起一支纪律严明、作战英勇的抗金军队“岳家军”，岳家军的士兵都真心遵守纪律，宁可忍住饥饿，不敢打扰人民；晚上如果借住在民家或店家，天一亮就起来，为主人打扫卫生，清洗餐具后才离去。留下“冻死不拆屋，饿死不掳掠”的美名。百姓们为了感谢岳飞的功德，建了岳飞祠，并塑造了他的雕像放在祠内，早晚对他礼拜。

“岳家军”的旗帜，让金军闻风丧胆，金兵统帅长叹：“撼山易，撼岳家军难！”当岳飞追到距金兵大本营只有45里，眼看就要大功告成，收复江山了，这时皇帝赵构怕岳飞打败金兵后，接回原先的皇帝，那自己的王位就不保了；又怕岳家军强大起来，成为自己政权的威胁，因此和奸相秦桧，连发十二道金牌，命令岳飞退兵。岳飞挥泪退兵时，中原人民拦住军马，哭声充满了原野。

秦桧诬告岳飞谋反，将他关入监狱。并以“莫须有”的罪名将岳飞毒死，死时仅39岁。

在杭州岳飞墓旁，有四具跪着的人像，千百年来遭人唾骂。秦桧等四人，陷害忠良，罪责难逃，人们让他们在岳飞墓前长跪来赎罪。

岳飞用他对国家的忠诚换来了流芳百世的美名。可见，忠诚本身就是一种能力，忠诚是每个人的立身之本，忠诚是一种义务，忠诚的最大受益人是自己。

三国时期，袁绍手下的重臣审配，当时袁绍已经死了，他辅佐袁尚，袁尚在城外被曹操击败，当时袁尚只想着逃命放弃了邺城，可是审配一直不放弃，因为他知道邺城是袁家的首府，也是河北的门户，命门，一旦放弃，袁家就彻底失败了，所以他只带领城中的残兵守城，曹操大军多次攻城都被他击退，后来他的侄子审荣贪图富贵，出卖了他，开打了城门，当时曹操极度欣赏他，说要给他很多赏赐，然后重用他，可是他就是不降，后来曹操要杀他的时候，他还说："我的主公（袁绍）的坟墓在北方，我一定要向着北方死去！"后来曹操同意了，后来还有好多诗歌写他，其中有一首是：

河北多名士，谁如审正南。

命因昏主丧，心与古人参。

忠直言无隐，廉能志不贪。

临亡犹北面，降者尽羞惭。

任何人都有责任去信守和维护忠诚，这是对你所坚持的信守信念最大的保护。丧失忠诚，是对责任的最大伤害，也是对品行和操守的亵渎。

人们最憎恶的就是背叛，所以就愈加珍惜忠诚，忠诚是一种责任，一种义务，一种操守，一种至高无上的品格。

一个人的忠诚之心表现为：

1. 忠诚于国家

苏霍姆林斯基说："忠诚于祖国，这是一种最纯洁、最敏锐、最高尚、最强烈、最温柔、最有情、最温存、最严酷的感情。一个真正热爱祖国、忠诚于祖国的人，在各个方面都是一个真正的人。"

在我国历史上，虽然有时世事不公，但像岳飞、于谦、林则徐等忠诚于国家的杰出人物，其高尚情操却会永远闪耀着光芒。这些人物虽曾蒙冤于一时，但最后还是流芳百世，得到后人的敬慕和景仰。

2. 忠诚于家庭

家庭是一个避风港，是一个人工作之余休憩和恢复活力的地方。幸福的家庭是成功的基础，但是一定要切记，美好的家庭是自己兢兢业业创造出来的，它的成功在我们的掌上。

青少年的忠诚最主要表现在对自己的忠诚，在生活中、学习中做个透明的人，不断积累良好习惯，不断聚集丰厚的人生财富。

懂得对自己负责

列夫·托尔斯泰曾经这样说过："一个人若没有热情，他将一事无成，而热情的基点就是责任心。"社会学家认为，当一个人富有责任心时，他的自我便真正开始形成，同时，这个人也由立志开始，影响力逐渐扩大，义务感逐渐增加，并能最终作出突出的成就。

可见，对自己负责是人们安身立命的基础。一个人应该为自己所承担的一切责任感到自豪，想要证明自己，那就对自己负责。

一次，她的儿子从学校回家比平常晚了半小时，茨格拉夫人对此表示充分的理解，但是，她也明确地告诉儿子："你玩的时间自然也就少了半个小时，这个时间我们可要遵守。"这样，就让儿子意识到了自己晚回家的后果，他就可能对自己的行为负责。

茨格拉夫人说："有时候，做父母的内心也会在爱与公平之间摇摆犹豫，但是不能因为孩子的借口而一味地迁就他的喜好，让他逃避责任。孩子如果没有按规定整理好他的书柜，那么面对他喜爱的电视节目，我们也只能作出很'遗憾'的决定。"

一位外国妈妈带着 8 岁的女儿到中国山东一户人家里来做客。

女主人对外国友人的到来非常重视，特别学习了西餐的做法。她对外国母女说："今天我做西餐给你们吃，你们尝尝中国人做的西餐味道好不好。"

8岁的女孩听女主人要给她们做西餐，心想：中国人做西餐肯定不好吃。于是，当女主人问她吃不吃的时候，小女孩坚定地回答："我不吃。"

等女主人把西餐端上来的时候，小女孩一眼就看到了漂亮的冰激凌。这么好看的冰激凌味道肯定很好！小女孩有点迫不及待地对妈妈说："妈妈，我要吃冰激凌。"

女主人很高兴小女孩能够喜欢自己的冰激凌，就高兴地把冰激凌端到小女孩面前，说："来，吃吧！"

谁知，女孩的妈妈严肃地对女主人说："不行，我女儿说过她不吃西餐，她得为自己所说过的话负责，今天她不能吃冰激凌！"

女儿着急地哭起来："妈妈，我就想吃冰激凌！"但是，女孩的妈妈根本不为所动，只是对女儿淡淡地说："你得为自己负责。"

女主人看着，觉得女孩的妈妈也太认真了，就说："给她吃吧，孩子总是这样的。"

女孩的妈妈正色对女主人说："亲爱的，我们要培养孩子的责任心。"

结果，无论女孩怎么哭闹，妈妈就是不同意让她吃冰激凌。

人是以一个个体存在的，具有自己的个性，也就是天生有自己的秉性：有的人外向，有的人内向，有的人喜安静，有的人爱热闹，有的人热情奔放，有的人文静柔弱……性格迥异，对外界事物的感知和表现也就有差异。但是，人不管有怎样的个性特征，在做人方面，应该有共同的价值标准，也就是说，做人要有原则。对自己负责，就是一条做人的起码原则。对自己负责，首先就是自己必须有正确的人生观、世界观和价值观，明晓事理，懂得真、善、美，知道假、恶、丑，能体现你自己的价值，在合理、合法的前提下去张扬自己的个性。不对自己负责的人，必然会自暴自弃，使人嗤之以鼻。

在人生的道路总会遇到成功、挫折、悲伤、快乐……然而青少年应该学会承担责任，自己的事情，对自己说："我对自己负责。"

众所周知，爱迪生刚在学校上了三个月的课，就被学校开除了。爱迪生从此失去了在校学习的机会，而他又很想学习。爱迪生只知道，成长的道路上需要知识，于是他就恳求妈妈教他。正是这样，他一边向妈妈学习，一边自己摸索，最后发明了电灯等一千多项发明。由于爱迪生为自己负责，所以他前途无限光明。

张海迪是位下身瘫痪的女作家。曾经，初次得知自己下身瘫痪的她，也有万念俱灰的想法，然而出于对自己负责，她战胜了自己。她利用在家养伤的时间学习外语。正是这期间，为她后来的写作打下了牢固的基础，通过自学以及自我写作，最后成为世人皆知的风云人物。

假如没有爱迪生的勤奋好学，没有张海迪的顽强毅力以及本着对自己负责的态度，我们就少了一位纵横一千多项发明的发明家，一位博学的好作家，故而我们应对自己负责。

青少年在现阶段正处于校园学习与迈进社会的分界线。学习，还是我们当前最重要的任务。然而有些同学却认为，学习是为上大学而准备的，他们不想上大学，就可以不学或者少学。而无论我们身居何处、何地，没有知识是不行的。我们应该本着对自己负责的态度；从现在开始好好学习，亡羊补牢为时不晚。在学习、工作、生活中，我们都应学会负责，对别人负责，对自己负责。

自己的错误自己负责

通常一般人听到"负责"这两个字，马上的反应，就好像有"千斤重担压在肩头"，十分沉重，于是不太愿意再继续听下去了。近些年来因为生活富裕了，孩子们在过度保护的环境下成长，父母和老师都把孩子当作心肝宝贝，极端的呵护和尊重，尽全力给大家最好的。结果，孩子们只会一味地强调自我的重要性，把自己得到的一切都当作是理所当然，生活中的一切问题都有父母处理、买单。然而，一个真正懂得负责的人，是会为自己的过失和错误买单的。

1920年，有个11岁的美国男孩踢足球时，不小心打碎了邻居家的玻璃。邻居向他索赔12.5美元。在当时，12.5美元是笔不小的数目，足足可以买125只母鸡！

闯了大祸的男孩向父亲承认了错误，父亲让他对自己的过失负责。

男孩为难地说："我哪有那么多钱赔人家？"

父亲拿出12.5美元说："这钱可以借给你，但一年后要还我。"

从此，男孩开始了艰苦的打工生活，经过半年的努力，终于挣够了12.5美元这一"天文数字"，还给了父亲。

这个男孩就是日后成为美国总统的罗纳德·里根。

他在回忆这件事时说，通过自己的劳动来承担过失，使我懂得了什么叫责任。

如果长期在父母全力照顾，凡事准备的情形下成长，孩子们就必然会失去自己计划、安排的能力和敢作敢当的勇气。只有懂得责任，懂得为自己的人生买单的人，才能具有更强的生存能力。

孩子做了损害别人利益的事情，该不该让孩子向别人赔礼道歉？有些父母认为：孩子小，不懂什么，如果别人硬要坚持，就由我们来替孩子道歉就行了。这样的处理方式看似通情达理，却是错误的。

日本著名的文化人类学学者高桥敷先生，在他《丑陋的日本人》一书中，曾详细记述了这样一个真实的故事：当年，高桥敷先生在秘鲁一所大学任客座教授，曾与一对来自美国的教授夫妇比邻而居。有一天，这对夫妇的小儿子不小心将足球踢到了高桥先生的家门上，一块花色玻璃被打碎了。

发生了这样的事情，高桥先生和他的夫人按照东方人的思维习惯，估计那对美国夫妇会很快登门赔礼道歉。然而，他们想错了。

那对美国教授在儿子闯祸之后，根本就没有出现。

第二天一大早，是那个孩子自己，在出租车司机的帮助下，送来了一块玻璃。小家伙彬彬有礼地说："叔叔，对不起。昨天我不留神打碎了您家的玻璃，因为商店已经关门了，所以没能及时赔偿。今天商店一开门，我就去买了这块玻璃。请您收下它，也希望您能原谅我的过失。这种事情再也不会发生了，请您相信我。"

理所当然地，高桥夫妇不仅原谅了他，而且喜欢上了这个懂礼貌的孩子，他们款待孩子吃了早饭，还送他一袋日本糖果。

原以为事情画上了句号。出人意料的是，当孩子拿着那袋糖果回家之后，那对美国教授夫妇却出面了。他们将那袋还没有开封的糖果还给了高桥夫妇，并且解释了不能接受的理由：一个孩子在闯了祸之后，不应该得到奖励。

在他们看来，这个小"男子汉"应当学会对自己的行为后果负担起他能负的责任，这孩子打碎了邻居家的玻璃，为了赔偿这块玻璃，他几乎花掉了自己存折上所有的零花钱。但是,他绝不会因此得到父母一分钱的"财政补贴"，如果钱不够的话，父母可以考虑借钱给他，但他必须有自己的还款计划。比如,早晨为附近的邻居送牛奶、取报纸,周末为别人修剪草坪,节约自己每周的零花钱，等等。之所以这样做，是让他为自己的过失付出代价。只有付出这种代价之后，他才能接受这个宝贵的人生教训。

孩子做了错事，由父母替孩子认错、向别人道歉，其用心是出于疼爱孩子。然而，这种"疼爱"合情却不合理，在客观角度看，它是在袒护孩子的过错，孩子既不能从中获得应有的教训，也不能树立起对自己言行的责任感。这可能就是我们常说的"屡教不改"的根源。

孩子年幼，一般做不出太"出格"的事，但由于父母总是出面代孩子"受过"，久而久之，孩子就会觉得因为有父母"罩着"，万事都可迎刃而解。从而逐步变得肆无忌惮、为所欲为。

中国有句古话："好汉做事好汉当。"孩子做了损害别人利益的事，让他自己向人家道歉，赔偿损失，这不仅是为了取得别人的原谅，更重要的是使孩子从小就懂得为自己的言行切实负起责任来，这对增强孩子的自律精神、谨慎言行，以便将来独立地全面承担人生的责任和义务，顺利地进入社会生活，非常有好处。

全心全意地对待工作

曾经有一份英国报纸刊登了一则招聘教师的广告：工作很轻松，但要全心全意，尽职尽责。

事实上，不仅从事教师的工作应该如此，人们从事任何一件工作时，都应该全心全意、尽心尽力地去把它做好，这不仅是工作的基本原则之一，也是做人的原则之一。

你对工作尽心尽力了，说明你努力了，也表现出你良好的职业素养，而这两点，是你获取成功的前提。

很难想象，一个面对成堆的工作，却什么都不愿干，反而讥笑踏实勤奋的工作伙伴的人，会受到上司的赏识和同事的欢迎。而这样的人，最终的结果不是被公司解聘就是被“流放”到一些无足轻重的部门。

对工作尽心尽力的人，才会得到丰硕的回报，才会得到人们的承认。相反，如果你蔑视工作，敷衍了事，成功也就会远离你。

在我国唐朝时，出现了一位被世人称颂的神医——孙思邈。孙思邈从小就聪颖过人，在医学方面有着很深的造诣。他生性善良，不喜欢入朝做官，只愿在民间为老百姓看病，替穷人解决疾苦，他总是觉得自己对天下的老百姓负有很大的责任。

孙思邈除了在自己家里开诊所之外，还经常外出给人看病。遇到家境穷苦的病人，他就免费诊治；遇到重病患者，他就把对方留在自己家中。

因此，当地的人们对他都非常敬重。孙思邈对自己的病人自始至终都非常负责，从来都没有马虎过。

有一年，当地流行一种非常可怕的疾病，患了这种病的人，全都手脚溃烂，样子非常可怕。当时人们把这种人称为“厉人”，也就是现在所说的麻风病人。当时大家都比较迷信，认为得这种病是因为有厉鬼缠身，不但没有办法医治，而且还会传染。

因此没有一位医生敢给这种病人治疗。孙思邈见此情形，就把别人不愿治疗的麻风病人接到家里。他非但不怕受到传染，反而努力研究这种病，想找出治疗的方法。

在给病人治疗的过程中，他不仅细心地照料他们，而且还仔细观察他们身上的病情变化。对于皮肤已经溃烂的病人，他还亲自为他们敷药，给他们喂食。

到了半夜，他还经常起来巡视，他心里想的只是怎样才能使病人早日痊愈。在他的精心照料下，很多患者的病情都逐渐有了好转。

由于孙思邈医术十分高明，人品也非常好，所以朝廷几次派人请他入朝做官。对于一般人来讲，这可是梦寐以求的好机会。可是孙思邈并不在意，而是婉言谢绝了。因为他只想留在民间，为老百姓解除疾病和痛苦，他觉得自己应该为天下的老百姓负责任。

他时常说：“身为一名医生，不应该贪图名利。对前来看病的患者，应该不论贫富贵贱，尽力将他医好；对于身染恶疾的病人，医生也不能害怕被传染。病人的痛苦就是自己的痛苦！”由此可见，孙思邈是一个极富责任感的人。

后来，孙思邈根据自己丰富的临床经验，写成一部旷世巨著——《千金要方》，这部书一写完，就成为很多医生必备的医学经典。到了晚年，随着自己临床经验的增多，他发现自己原来所写的《千金要方》还不是特别完善，还有待于补充。为了让自己的著作更完善，更好地造福后人，他又写了一部《千金翼方》，作为《千金要方》的补充。

在孙思邈看来，治好病人的病就是一个医生应尽的责任。其实，每个人都有自己应尽的责任，都有自己不可推卸的义务。一个有责任心的人，只要对自己的工作尽心尽责，全力以赴，追求自己的人生价值。他就会焕发出强大的生命力，并最终走向成功。反之，没有责任心的人，则是得过且过，坐一天和尚撞一天钟。

西点军人就是有着强烈责任心的楷模，“你们有没有全力以赴？”提高自己的标准吧，立刻向西点军人学习！建立起一条你自己引以为傲的底线，不要随便找借口搪塞，与其降低表现的标准，还不如努力发挥自己的极致。

“凡事都要做到最完美的境界，”查斯特菲尔德将军这么建议，“虽然大多数的情况下，完美的境界几乎都是可望而不可即的。但是只要不屈不挠，至少会越来越接近这个境界，如果只是放任自己的惰性，或老是垂头丧气，那么很容易就会以不可能的理由放弃这样的追求。”

不断追求更上一层楼，把表现的标准提高，超越别人对你的期望，千万不要接受平庸的表现，不管是你自己还是别人都是一样。

约翰·马克斯韦尔上校在《开发心中的领袖潜能》一书当中如此写道:“大多数的人都会想要找些借口来搪塞，而不是努力成为人上人。”事实上，人们必须付出庞大的心力才能够成为卓越的人，但是如果只是找个借口搪塞为什么自己不全力以赴的理由，那真是不用费什么力气。如果你想要在事业生涯上出类拔萃，那就一定要尽心尽责，全力以赴，这是没有捷径可以走的。

检测你承担责任的能力

1. 与人约会，你通常准时赴约吗?

2. 你认为你这个人可靠吗?

3. 你会因未雨绸缪而储蓄吗?
4. 朋友犯法你会通知警察吗?
5. 你出外旅行找不到垃圾桶时，你会把垃圾带回家吗?
6. 你经常运动以保持健康吗?
7. 你忌吃垃圾食物，脂肪性过高和其他有害健康的食物吗?
8. 你永远将正事列为优先再做其他休闲吗?
9. 你从来没有错过任何选举权利吗?
10. 收到别人的信，你总会在一两天内就回信吗?
11. 既然决定做一件事情，那么就要把它做好，你相信这句话吗?
12. 与人相约你从来不会耽误，即使自己生病时也不例外吗?
13. 你从来没有犯过法是吗?
14. 在求学时代，你经常拖延交作业吗?
15. 小时候，你经常帮忙做家务吗?

结果分析:

选“是”得1分，选“否”得0分。

10 ~ 15分:

你是个非常有责任感的人，你行事谨慎，懂礼貌，为人可靠并且相当诚实。

3 ~ 9分:

大多数情况下，你都很有责任感，只是偶尔有些时候率性而为，没有考虑得很周到。

2分以下:

你是一个完全不负责任的人，有些朋友的父母可能对你有成见，力劝儿女少跟你来往，你一次又一次地逃避责任，造成每个工作经常干不长，手上的钱也总是不够用。

第十章

永远和团队拧成一股绳

学会倾听

倾听是使我们迈向睿智，使我们走向成功的法宝。善于倾听的人，会获得不同的意见或者逆耳之言。在学习和生活中，存在不同意见是很正常的。怕的是没有不同意见，只有一种声音。而静下来倾听别人的声音，让我们能够看到自我中心以外的“我”到底是个什么样子。人无完人，发自内心的提示与批评是一种关心和爱护，同时也是一种难得的帮助。一个人如果长期听不到逆耳之言，就会变得轻浮，迷失于自满中。

倾听还有一个功效，那就是让另一颗苦闷的心灵获得解脱。在今天，生活节奏越来越快，竞争越来越激烈，人们承受的压力也越来越大。这些压力已经越过年龄这个界限袭向了青少年。当我们的密友、同学有不快和郁闷时，借给他们一个能够诚心倾听的耳朵，是对他们的最大的理解和帮助。还有，我们周边的成年人，当他们有纠结在心中的愁苦时，奉献我们的诚挚，耐心地倾听，会让他们更加理解我们。人们需要的是诚意地倾听，也许，倾听不能帮助他们什么，但是可以让他们的心灵得到抚慰，可以把他们从苦恼中解放出来。

诚意倾听的人，总是能给予对方全部的注意。他们会盯着说话人的眼睛，还会适当地发问。当我们与人交谈时，不要让任何事务打断注意力。可以提些诸如“你认为这就是问题所在”，“你的意思是……”，“你能说得明白一些吗”等问题。这些提问有助于你获得更多信息，并理解问题的各个方面。

我们所生活的这个世界，正在以各种方式向我们表述着各种信息。细心地倾听，能让我们走出迷茫，走出自大，走出封闭，走向睿智，走向理解，走向合作，走向辉煌的未来。

但是，并不是人人都会听，一个真正做到有效倾听的人，不仅要认真听取别人的每一句话，领悟说话者的意思，另外还必须做到及时配合说话者，如点头、微笑或简短的附和语，与说者达到共鸣。同时，还应掌握听人炫耀的技巧，了解说者的性情，在自己与对方谈话时恰当地穿插些对方所炫耀的内容，这样更能勾起炫耀者对你产生兴趣，让他愿意接纳你并成为他受欢迎者的行列。

有一位姓范的先生在他订的酸牛奶中发现了一小块玻璃碎片，于是前往牛奶公司投诉。不用说，他的情绪是愤怒的。一路上他已经打好腹稿，并想出了许多尖刻的词语。一到总经理办公室，连自我介绍都省略了，把总经理伸出的友谊之手也拨向一旁，“重磅”炮弹铺天盖地地向总经理猛轰：“你们牛奶公司，简直是要命公司！你们都掉进钱眼里去了，为了自己多赚钱，多分奖金，把我们千百万消费者的生死视为儿戏，你们一点都不像社会主义的企业，地地道道是资本家的勾当！……”

好在这位总经理经验丰富，面对这么强大的刺激，毫不动怒，仍旧诚恳地对他说：“先生，究竟发生了什么事？请您快点告诉我，好吗？”

范先生继续激动地说：“你放心，我来这里正是为了告诉你这件事的。”说完，从提袋中拿出一瓶酸奶，砰的一声，重重地往办公桌上一放，说：“你自己看看，你们做了什么样的好事！”

总经理拿起奶瓶仔细一看，什么都明白了。他敛起微笑，有些激动，说：“这是怎么搞的，人吃下这东西是要命的！特别是老人和孩子若吃到肚子里去，后果不堪设想！”

说到这里，总经理一把拉住范先生的手，急切地问：“请你赶快告诉我，家中是否有人误吞了玻璃片，或被它刺伤口腔。咱们现在马上叫车送他们去医院治疗。”说着，抄起电话准备叫车。

这时候，范先生心中怒火已十去八九了，他告诉总经理说，并没有人受伤。总经理这才转忧为喜，掏出手帕，擦擦额头上渗出的汗珠说：“哎呀！真是谢天谢地。”

接着总经理又对范先生说："我代表全公司的干部职工向您表示感谢。因为您为我们指出了工作中的一个巨大的事故隐患。我要将此事立刻向全公司通报，采取措施，今后务必杜绝此类事情发生。还有，您的这瓶牛奶，我们要照价赔偿。"

总经理的这番话，一下子把空气给缓和了。范先生接过那瓶奶钱的时候，气已经全消了，而且还有点内疚："经理是个这么好的人，我开始真不该给他扣那么多的帽子。"

接下去，他便开始向总经理建议，该采取什么样的措施才能避免此类事故继续发生。结果越谈越融洽，原来双方都是站在一个立场上。

从故事中可以看出，耐心倾听对方的诉说是很重要的，我们要理智地作出回应，会听才会赢。

如何做到"会听"？

交谈中须相互交换意见，才能顺利进行。应在坦诚交谈并表示了解后，才陈述自己的意见。倘若不遵守这个原则，可能会造成各说各话的情形，以至于谈话不投机，有害人际关系。

然而，我们常因热衷于谈话而忽略了这个原则。虽然完全没有恶意要抢先，却会发生打断对方讲话的情形。比方说，对方正在提问题时，你打岔说："是啊，我也正想提这点呢。"或者对方反问之际，你连忙矢口否认："不！不！"

像这样的谈话方式，最容易引起对方不满。应等候对方说完，再正式提出自己的意见才是。在表达本人看法前，必须用心体会言谈之间的真实含义。

日常交际中最受欢迎的人，就是那些会倾听的人。

总之，会倾听要做到：真心愿意听；有耐心；避免三心二意的坏习惯；适时进行鼓励；表示出理解。

关于倾听，它可能给你带来的好处有：

（1）可以使他人感受到被尊重。

（2）能真实地了解他人，增加沟通的效力。

（3）可以解除他人的压力。

（4）可以学习他人的长处，使自己变得聪明。

懂得与人分享

与人合作中最重要的一条原则是：与人分享，不管是快乐还是痛苦。因为与人分享，可以增进彼此间的感情，更好地进行交流合作。

成功人士们都遵循这样一条原则：把痛苦分享出去，那么你就可以为自己留下一半的痛苦；将快乐分享出去，那么别人就可以分享你所赠予的翻倍的快乐。这不是纯粹的数学问题，而是杰出人士所特有的对人生的认识问题，也是他们为人际沟通领域所创造的不可多得的财富。

每当成功人士由于各种原因引起情绪上的波动，或精神上的抑郁，或胸中忧愤，或食物积滞时，他们选择找一个贴心的朋友，有时甚至是自己的敌人倾诉心中的抑郁。而那个被寻找的人，也会因为自己在这种关键时刻的出现而感到自豪，从而改变或是增进两个人之间的情谊。

军事家拿破仑，有一次找来总是与自己意见不一致的一个高层军官。那军官抱着再次争吵的打算出现了。出乎他的意料的事，拿破仑只是让他当了一回听众。他向那位军官抱怨自己在会议中所忍受的怒气，抱怨自己时常很糟糕的运气。他的做法，让军官觉得自己是拿破仑的朋友。而事实上，后来他们也真的成了朋友。

与他人分享自己的痛苦，会给对方一种信任的感觉。每一个人在潜意识当中，都有一种成为一个强者的欲望，而分享他人的痛苦，正可以迎合这种欲望。所以告诉他们自己的痛苦，不仅仅是成功人士排解自己心中苦闷的有效方式，同时也是他们加强沟通的良好途径。

同样，让他人了解自己的喜悦，更是加强人际关系的有效途径。成功人士，在拥有某种自己感到愉悦的收获的时候，总是喜欢告诉关心自己的或是自己关心的人。

由此可见，分享意味着距离的靠近，感情的互解，交流的增进。

约翰是美国休斯敦地区的一个小学生。在他家附近，住着一对老夫妇。小约翰早上每天上学都能看见这对老夫妇孤单的身影，虽然他们的衣着都非常整洁，但是可以看出，无论是衣服的样式还是布料，都已经有很多年头了。老夫妇的身体都不好，而且妻子还双目失明，下肢瘫痪，每天只能坐在轮椅上，由她的丈夫照顾。

因此，小约翰决定做一点什么，帮助这对老夫妇，也让他们能够感受到生活的快乐。为此，小约翰进行了精心的准备。在一年一度的圣诞节的前夕，征得父母的同意之后，小约翰来到商店，用自己所攒的零花钱买了一棵非常漂亮的圣诞树，然后把它拿回家，精心地装饰了一番，又去商店买了一些礼物，在圣诞节前夜送到了那对老夫妇家里。

因为小约翰一直有一个心愿：自己的每一个圣诞节都非常快乐，所以他希望自己能够和老人一起分享这个美丽的圣诞节，让老人也分享到自己的快乐。

当两位孤独的老人收到小约翰送去的礼物时，竟然感动得哭了起来。因为他们已经很多年没有欣赏过圣诞树了，也很久没有体会到被别人关心的快乐了。

为了让老人能够真正地快乐起来，从那以后，小约翰经常在每个星期都抽出时间去拜访他们，为他们修剪草坪，或者浇浇花、剪剪枝。每一次拜访，这对老夫妇都会提到那棵圣诞树，提到那个愉快的充满温馨的圣诞节。

对小约翰来说，他所做的仅仅是一件小事，但他从中收获的快乐，却是十分充足和珍贵的。

正是由于小约翰的友好，使两位原本寂寞孤独的老人再次获得了快乐与幸福。其实，对于身边的人只要你真诚地与他分享，你的生活也会变得不一样。所以，对于青少年，一定要培养分享的意识，因为如果你凡事都自私自利，斤斤计较，那么你就难以和其他人友好相处，也就谈不上进行有效的合作了。只有你学会了分享，你也就打开了自己内心始终关闭着的那扇大门，你也就学会了接纳别人，别人也就更容易接纳你。

融入团体，方能显示自己的价值

合作精神是时代呼唤的主旋律。一个人如果不能学会合作之道，必然会走向孤独。社会越发展，越离不开许许多多人的精诚合作。那种一意孤行、天马行空的道路是行不通的。

很久很久以前，两个饥饿的人得到了一位老年人的恩赐：老人送给他们一根渔竿和一篓鲜活硕大的鱼。但是老人有一个条件，在他们两个人中，一个人只能要一样。

于是，一个人要了一篓鱼，另一个人要了一根渔竿。很快，他们分道扬镳了。得到鱼的人没有走出多远就用干柴搭起篝火煮起了鱼。他狼吞虎咽，还没有品出鲜鱼的肉香，就连鱼带汤都被他吃光了，不久，他便饿死在空空的鱼篓旁。

另一个人则提着渔竿继续忍饥挨饿，一步步艰难地向海边走去，可当他已经看到不远处那片蔚蓝色的海洋时，他浑身的最后一点力气也使完了，他也只能眼巴巴地带着无尽的遗憾离开人间。

同样还是两个饥饿的人，他们也同样得到了长者恩赐的一根渔竿和一篓鱼。只是在告别老人之后，他们并没有各奔东西，而是商定共同去找寻大海。在寻找大海的过程中，他俩商定，每次只煮一条鱼。经过遥远的跋涉，他们终于来到了海边，从此，两人开始了捕鱼为生的日子。几年之后，他们盖起了房子，还拥有了各自的家庭、子女，并且还有了自己建造的渔船，两个人都过上了幸福安康的生活。

一个人只有融入一定的团体，才能把外界的力量转化为自身的力量，一个人的价值也只有在团队中才能体现得更充分。如果没有协作精神，那么就很难显露自己的优秀。

在1985年的美国职业篮球联赛中洛杉矶湖人队曾是一个最被看好的球队，它的球员都是最优秀的。但它在决赛时输给了波士顿的凯尔特队。湖人队一蹶不振，所有的球员感到极为沮丧。在1986年的美国职业篮球联赛开始之前，湖人队仍没有从失败的阴影中走出来。教练派特·雷利为了让湖人队重振雄风，告诉球员每个人都已经很优秀，如果能在相互配合上进步1%，便会取得令人满意的好成绩，便一定能登上冠军的宝座。1%的进步似乎是微不足道的，可是如果12个球员在配合上进步1%，球队的整体实力最少也能比以前进步12%。经过苦练，球员的协作精神被充分地挖掘出来，在这一年的美国职业篮球联赛中，湖人队势不可挡地夺得了冠军。

独木不成林，单人难成事。人生中处处离不开合作，一项发明，往往是许多科学家相互协作的结晶；一项技术，总是一个研究所的人共同协作的结果；甚者完成一份报告，也少不了别人的帮助。学会合作，才会更好地完成目标；学会合作，会更加快速地走向成功。不要认为与他人合作就是一种不自立的表现，一种不成熟的行为。学会合作意味着你学会了走向成功的另一种方法。

廉颇和蔺相如都是战国时期赵国的大臣。廉颇英勇善战，曾领兵攻打齐国，立下赫赫战功，被拜为大将。蔺相如原来是赵国一位宦官头目家中的门客。有一次秦昭王带着国书，向赵王索取价值连城的和氏璧。蔺相如奉命入秦，在秦王面前据理力争，怒发冲冠，终于保全了和氏璧，使之归还赵国。公元前279年，他随赵王到渑池与秦王相会，维护了赵国的尊严，使秦国没有赚到便宜。由于他在强大的秦国面前表现出的大智大勇，赵王便封他为相国，职位在廉颇之上。蔺相如地位的变化，使廉颇愤愤不平。

廉颇认为自己有攻城野战之功，而蔺相如却只有口舌之劳，因此扬言:“不愿意与蔺相如同朝为官。有朝一日见到他，非给他点颜色看看不可！”廉颇存心当众羞辱蔺相如，好摆一摆自己的老资格。蔺相如对这位老将军却是一再忍让，不同他计较。

有一天，蔺相如带着随从人员外出，没想到冤家路窄，老远看见廉颇骑着战马威风凛凛地迎面过来，蔺相如忙退到小巷里躲避。这一来，在蔺相如手下做事的人都感到没面子，认为他怯懦胆小，纷纷要求离去。蔺相如留住大家，心平气和地对他们说:“诸位看廉将军和秦王相比，究竟哪一个厉害呢？”大家说:“当然是秦王厉害。”蔺相如又说:“秦王虽然强大威风，而我却敢在秦国朝廷上当面斥责他，羞辱他的大臣。我虽然无能，也不至于害怕廉将军吧！但我想，强横的秦国之所以不敢对赵国动用武力，是因为他们知道赵国文有我蔺相如，武有廉颇将军罢了。我们之间如果闹不合，两虎相斗，必有一伤，这时秦国就会乘虚而入，造成亲者痛、仇者快的情景。我之所以对廉将军一再忍让，完全是以国家的危难为重，不计较个人的恩怨啊！”

这些话传到了廉颇那里，廉颇十分感动，羞愧难当。他立刻脱下上衣，背着荆条，主动上门请蔺相如责罚自己。蔺相如一见老将军负荆请罪，赶忙把他扶起。于是两人言归于好，同心协力保卫赵国。在渑池之会以后整整十年，秦国一直不敢对赵国发动大的攻势。

人与人之间的交往，就是要在相互理解的基础上团结合作。一个人的力量是有限的，只有和大家一起合作才能成大事。在人的成长过程中，要参加许多团队活动，与人“合作”，这是一种交往的动态活动。这种活动让人产生某种共享双赢的体验。

以开放的心态看待合作

要合作，首先就要把个人的利益放弃，如果你私心太强，什么利益都想自己独吞，一点小亏都不肯吃，这种态度只会导致你合作的失败。而如果你能公私分明，做到大公无私，达成双方利益共享，那么你的合作就是成功的。

吉田忠雄是日本吉田工业公司的董事长。吉田工业公司是世界上最大的拉链制造公司，年营业额达25亿美元，年产拉链84亿条，其长度达190万公里，足够绕地球47圈。吉田忠雄本人被称为“世界拉链大王”，他说他的成功是由于“善的循环”。这与他小时候捕鸟时受到的教育是分不开的。

吉田忠雄的父亲吉田久太郎是个稳重而又有正义感的小鸟贩子，他以捕捉、饲养、贩卖小鸟为生。7岁时，吉田忠雄就上山给父亲做帮手。他们捉鸟从来不捕幼鸟，不捕喂养期的成鸟。用吉田久太郎的话说，首先得保证鸟类能够代代繁衍，这样才可能永远捕到鸟。这是一个善的循环，它在吉田忠雄的心中打上了深深的烙印。在捕鸟、驯鸟的岁月里，吉田忠雄吸收了影响他一生的精神营养，他从鸟儿那里学到了热爱自由、坚强不屈的性格，这为他日后艰苦创业、登上世界“拉链大王”宝座打下了坚实的思想基础。

25岁时，吉田忠雄创办了专门生产销售拉链的三S公司。50岁时，吉田忠雄建成了世界一流的拉链生产工厂，完成了年产拉链长度绕地球一周的宏愿，每逢有人追问他的成功之道时，吉田忠雄总是笑着说：“我不过是爱护人与钱而已。人人为我，我为人人，不为别人利益着想，就不会有自己的繁荣。对赚来的钱，我也不全部花完，而是一部分作为员工的红利，一部分再投资于机器设备上。一句话，就是善的循环。”

吉田忠雄信奉“善的循环”哲学。他相信在互惠互利的情况下，才能真正做到双赢。公司支付的红利，他本人只占有16%，他的家族占24%，其余60%由公司员工分享，这是其他老板难以做到的。吉田忠雄要求公司职员把工资及津贴的10%存放在公司里，用来改善设备，提高利润；员工每年可以分到8个月以上薪水的奖金，但他要求员工用奖金的2 / 3购买公司的股票，公司由此增加资金，员工薪水与奖金更加提高，且可以拿到20%股息。由此形成公司与员工之间的“善的循环”。

说到底，与人合作的技巧就是一个公私分明，因为与人合作只想到自己的人，绝不会有好的回报。一切以损害别人的利益来充实自己的人都是卑鄙的，都会受到社会的谴责，公众的鄙视。

现代社会奉行人人相亲相爱，大家互帮互助，而不是人人尔虞我诈，互侵互害。人人相亲相爱，大家互帮互助的社会是一个理想的、美好的社会。

把自己从狭小的天地里释放出来，以开放的眼光看世界，意识到人类的家园建设必须靠每一个人尽心尽力地奉献才能壮美辉煌，并切实地拿出实际行动来。

青少年也应努力做到：

（1）保持一颗平常心，认认真真做事，老老实实做人；

（2）与人方便，万事随缘；

（3）多一份善心；

（4）珍惜时间，努力学习，努力锻炼，为一生的发展打下坚实基础；

（5）“天生我材必有用”，信任自己，尊重自己。

善于融入集体

一个成功的人必定是一个善于合作、善于融入集体的人。和团队拧成一股绳，这是一个为我们未来打下基础的良好习惯。因为谁都不可能是一座孤岛，一个人要取得成功，必须学会与别人一道工作，并能够与别人合作。这个习惯可以让我们不再孤独，不再迷茫，因为，和大家在一起，你会收获很多阳光、很多欢笑，以及很多很多的爱与温暖。

一个人的力量是有限的，只有大家拧成一股绳，才能产生无比强大的能量，获得一个人无法取得的成就。

彼得大帝小时候十分喜欢玩游戏，尤其是玩军事游戏。可是，他是个皇帝，这就使得他有一种与生俱来的优越感。因此，在游戏中他总是做首领，总是无礼地指挥小伙伴们干这干那，有时还会随意打骂他们，致使小伙伴们总是躲着他。小彼得也感觉到了小伙伴们对他的疏远，但他搞不明白为什么，就去向他的一位叔叔请教。

叔叔听他说了自己的困惑，哈哈一笑，引导他说："你是不是希望他们可以和你亲密无间啊？""是呀。"小彼得一听叔叔一语中的，高兴地回答。"那你知道问题出在哪里吗？"叔叔进一步问。"我就是因为不知道才来问您的。"彼得不高兴地回答。叔叔说："虽然你是皇帝，但他们还是很愿意和你一起玩，只是你总是以皇帝自居，在游戏中没有礼貌地叫他们干这干那。你喜欢争强好胜是对的，但你总是利用你的地位来达到这一切就不好了。""他们原来是因为这个啊。"听了叔叔的分析，彼得高兴得一蹦三尺高。随后，他又为难地问叔叔："那我以后应该怎么做呢？"叔叔看到小彼得诚心改过，也希望小彼得成为一位人人尊敬的好皇帝，就进一步引导他："首先，在游戏中你应当把自己当成他们中普通的一员，而不是什么皇帝，要平等地对待小伙伴们。然后，在行动上对你的伙伴要讲理，有时也应听听他们的想法，不可无理取闹。总之，你要融入到他们当中去，去体会和了解他们的感受和想法，去和他们合作，共同完成游戏，这样你就会从中学到很多东西。”叔叔最后补充说：“我觉得你应该在明天游戏的时候试着去当个普通的士兵，然后慢慢和你的小伙伴们接近，直到他们接受你为止。”小彼得点了点头。第二天，小彼得对大家说：“从今天开始，我在游戏中不当司令了，我就当一个士兵吧。”大家感到很奇怪，小彼得接着说：“你们以后就叫我彼得好了，我希望大家在游戏中互相合作，打好我们的仗。”

慢慢地，在军事演习中，小彼得身先士卒，和小伙伴们一起冲锋陷阵，摸爬滚打，经常是一场游戏结束，衣服磨破了，手脚也擦伤了，但他毫不介意，还对小伙伴们说：“不要紧的，你们不是也和我一样吗，在这里我只是一个小兵而已。”

集体是我们成长的摇篮，和大家拧成一股绳，你会在集体中汲取营养，脱颖而出。

青少年朋友在日常的学习和生活中，相互间难免会有很多摩擦和碰撞，但是我们有集体的意识，在集体的智慧中，筑起共同的新高度。

首先，和大家拧成一股绳还需要奉献与分享。

一位著名的企业家曾说过：“当别人遇到困难时，我不会坐视不管，我会尽力帮助他，这样做不但不会让我损失什么，反而会给我带来荣誉，让我的事业更加顺利。”

这就是集体智慧中的奉献与分享。当我们在帮助别人的时候，无形之中也会体现出自己的价值，也会让自己赢得竞争中的成功。因此，青少年朋友应善于利用集体的智慧，用无私的奉献和分享，润滑合作中的摩擦，从而使双方的成果得以扩大。

一位传教士曾说：“当他们去攻击革命党的时候，这与我无关，所以我保持沉默；当他们去攻击农民军的时候，这与我无关，所以我保持沉默；而现在他们来攻击我了，我该怎么办呢？”他最后之所以陷入四面楚歌的境地，正是源于他当年自私自利的观念。

送人玫瑰，手有余香。只有我们在合作中勇于奉献、乐于奉献，我们才有分享成功的资格，我们才能发挥集体的智慧，将心与心串成通向成功的天梯。

其次，集体的智慧不是互相依赖。

集体的智慧，还在于要指导彼此如何克服自身的短处，发挥自身的长处，而不是完全依赖对方的优点，漠视自己的缺点。

有这样一对青少年朋友，一个动手能力强，一个动脑能力强。本来是一对很好的合作伙伴，并且有希望通过双赢的理念，成功地做一些事情。

可是，在具体合作的过程中，擅长动脑的经常不切实际地幻想，让擅长动手的去做。他认为自己就是负责想，想出来后就完全依赖另外的人做。

擅长动手的人也很糟糕，他没有提供一些切实的改进建议反馈给动脑的人，认为动脑就是别人的事，就应该想得周详。而自己只是负责实施，能做就做，不能做就扔下不管。

可想而知，他们这样是不可能拥有双赢效果的，因为他们没有拧成一条心，都把希望寄托在别人身上。这样做的后果必然是，动脑的人越来越不知道怎样想，动手的人越来越不知道怎样做——他们的依赖致使双方的长处都没有充分发挥出来，短处反而更加明显。

所以说，在集体的合作智慧中，一定要摒弃依赖的心理。

最后，学会欣赏别人，尊重别人。有时候，我们中的一些人会出现这样的情况：自己有了进步，就欢呼雀跃，高兴得手舞足蹈，可当别人有了成绩时，却视而不见，充耳不闻，甚至挖苦别人。我们应该十分清醒地认识到这种做法是没有修养的表现。

一位学者说过："一个人总能在某一处胜过别人，而在这一处上又总会有更强的人胜过他，学会欣赏每个人会让你受益无穷。"智者尊重每个人，因为他知道人各有其长，也明白成事不易。

学会欣赏别人、学会与人合作是一笔宝贵的财富。

总之，青少年要记住：众人拾柴火焰高！

检测你的合作精神

1. 你买了一辆新自行车，刚骑上两天，你的同学要向你借去兜风，你会：

A. 借他（她）呗，那有什么。

B. 对他（她）说："你要办急事我借你，兜风不行。"

C. 怕被他（她）弄坏了，断然拒绝。

2. 上学途中，你看到邻居背着很多东西回家，他气喘吁吁地同你打招呼，而上课时间就快要到了，你：

A. 帮他（她）抬一会，再说："我赶着上学，不能再帮你了，对不起。"

B. 帮他（她）把东西送到家，到学校向老师解释迟到的原因。

C. 打一声招呼，各走各的。

3. 你包里的钱只能买一块巧克力，但你想吃的时候却有三四个人跟你待在一起，你会：

A. 叫别人也奉献一点钱，多买几块大家吃。

B. 买一块，但掰开分给大家一起吃，自己虽不太够，聊胜于无。

C. 买一块自己吃，最多跟他（她）们客气一下。

4. 你刚刚被选为生活委员，班主任让你安排一次大扫除，检查一下你的工作能力，你会怎么派活儿？

A. 按各人能力分配，能力强的人多做一点。

B. 尽可能平均地分派。

C. 让关系好的同学干轻松的，别人干重的。

5. 通常在你帮助了别人之后，会怎么想：

A. 心里很高兴，因为你一向助人为乐。

B. 没有什么特别的感受，因为你总觉得是碰巧帮助了别人。

C. 心想，下次有事找对方的时候，他（她）不会拒绝的。

6. 你们几个好朋友利用暑假期间打工，开学以后你发现他（她）们的收入都比你少，你会有什么想法：

A. 真心希望他（她）们下回多挣一些钱。

B. 认为自己的运气比他（她）们好。

C. 产生一种优越感，私下以为自己能力比他（她）们强。

7. 邻居大娘养了一条狗，但她讨厌雨天，所以每一次下雨，她都要求你帮她把狗牵出去散步，你怎么办：

A. 很乐意帮忙，并且主动去牵。

B. 不好意思不牵，但每一次都磨磨蹭蹭，心里很不愿意。

C. 找借口说有事不能帮忙。

8. 你爸爸的一个朋友跟他同龄且同学，但不论职位还是薪水都比你爸爸高得多，你感到：

A. 很欣赏他（她），觉得老实愚钝的爸爸确实比不上他（她），希望自己的将来能够像他（她）而别像爸爸。

B. 仅仅是他（她）的运气好而已，爸爸就错过了几次升迁的机会。

C. 他（她）肯定熟悉请客送礼巴结上司那一套，有什么了不起的。

9. 你的同桌经常向你要钢笔水用，尽管这是不值钱的东西，但每一次他（她）都说忘记买了，你会：

A. 毫不介意，每次都借给他（她）。

B. 买一瓶放在他（她）的课桌上，他（她）给你钱也不要。

C. 生气了，干脆不借他（她）。

结果分析:

选 A 得 2 分，B 得 1 分，C 得 0 分。

11 分以下:

你性格孤僻，毫无合作精神，不仅不愿意与人合作，甚至你会拒绝别人的帮助，你认为“助人为乐”是傻瓜才做的事。具有这种性格是极其危险的，它不但会令你失去很多生活乐趣，甚至会大大影响你的前途。

12 ~ 20 分:

你有些合作精神，人际关系也不错，但你事事不吃亏，即使帮助别人也总希望能得到回报，换言之，你会去与别人合作，但却是有条件的。

21 分以上:

你很富有合作精神，能同时与很多人合作，而且效果很好。你富有领导才能，能成为事业上的宠儿。这种好性格同时又使你拥有很多的朋友，在你需要帮助时，总是有许多双温暖的手!

读书吧，少年！

少年朋友：

如果你想成为未来的科学家、文学家、企业家，有一个“智囊团”可以帮你！

如果你想成为未来的政治家、军事家，实现人生的远大目标与梦想，也有一个“智囊团”可以帮你。

那么，这个“智囊团”是谁呢？

其实，“它”就在你的身边，它的名字叫“图书”。

少年朋友，请你读书吧！请与神奇的“智囊团”交朋友，它会给你知识，给你力量，给你在成才之路上所需要的一切。

世界上公认最爱读书的国家是以色列。以色列人均每年读书 64 本。而占以色列全国人口 80% 以上的犹太人，人均每年读书甚至达到 68 本之多。犹太人有个习俗，当孩子出生时，母亲就会翻开《圣经》，滴上一滴蜂蜜，让小孩去舔，通过这一舔，让孩子对书产生美好的第一印象：书是甜的。当孩子稍稍懂事时，几乎每一个母亲都会问这样一个问题：“假如有一天家里突然失火，你首先会抢救什么？”当孩子回答是钱或钻石时，母亲会严肃地告诉他：“这些都不重要，你首先应该抢救的是书！书里藏着的是智慧，这要比钱或钻石贵重得多，而且智慧是任何人都抢不走的。”

读书可以让你们增加知识、开阔眼界，可以使你们在知识的天空中翱翔。

读书可以让你们增长智慧和勇气，可以使你们打开人类智慧的宝库，点亮一盏人性的心灯，吹响德与智的号角，保持前行的勇气和精神力量。

读书可以让你们增加人生乐趣，创造美好生活。书籍可以使人跨越世俗的藩篱，睁开蒙昧的眼睛，打开紧闭的心门，走向光明的未来。

少年朋友们，让我们亲近书籍，多多地读书吧。让我们一起感受书籍带来的智慧，在阅读中快乐、幸福地成长。